江戸から明治へ

日本風俗史点描

光田憲雄
Norio Mitsuda
【著】

岩田書院

光田憲雄『江戸から明治へ―日本風俗史点描―』目次

神田明神と将門伝説
―首塚伝説のはじめ―

大己貴命と神田明神

「神田」という地名は全国にある。元来、伊勢神宮に奉納する稲を植える田圃のことである。「神田《みとしろ》」あるいは「御田《みた》」も同じ。東京の神田も例外ではない。そんな神田（稲田）の五穀豊穣を願うために大己貴命《おおなむちのみこと》（大国主命）を祀ったのが、「神田明神」の始まりである。

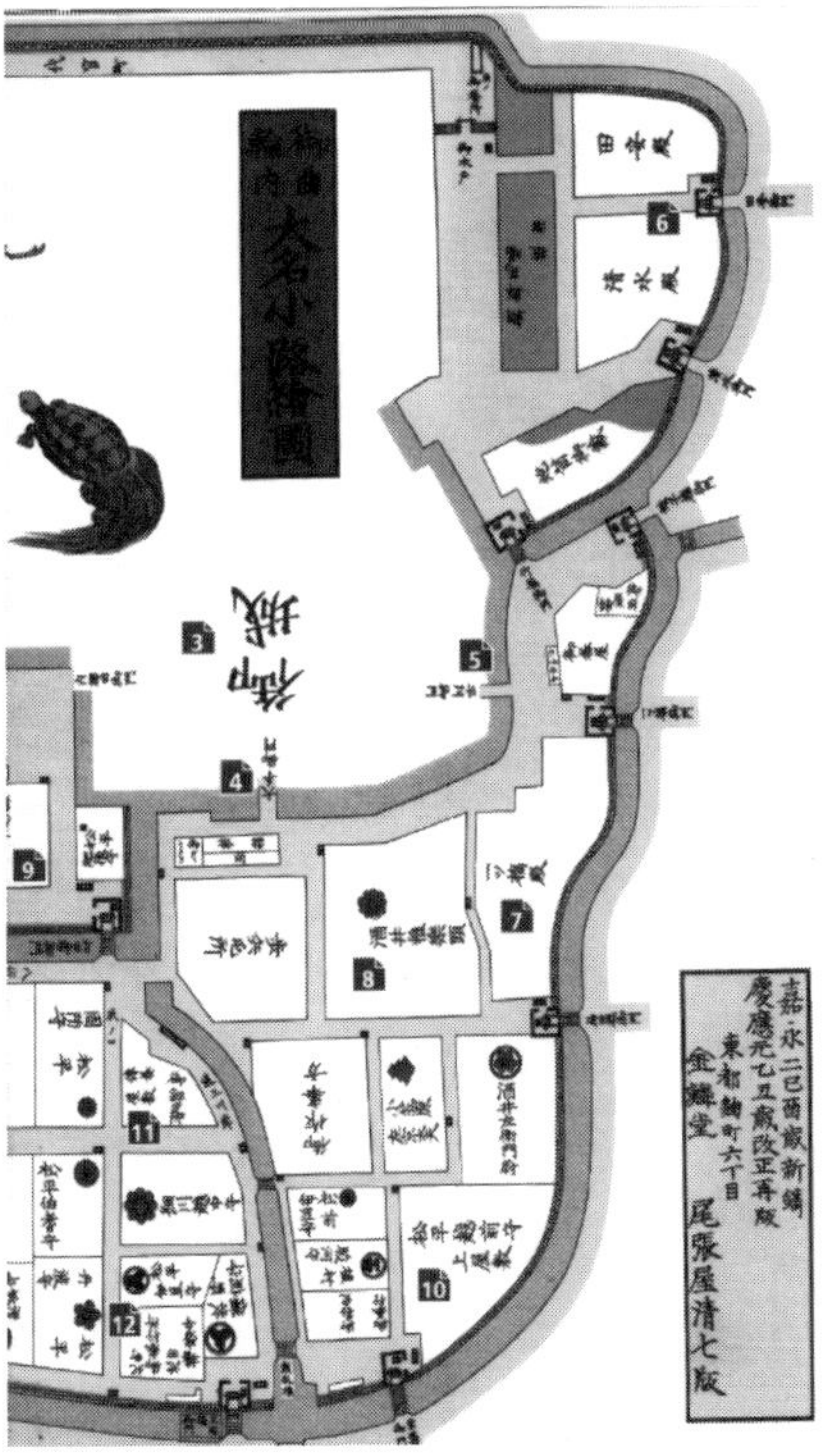

図１　神田明神旧地　7一ツ橋家・8酒井家のあたり（「御曲輪内大名小路絵図」より）

神田明神は、江戸城拡張に伴い現在地へ移る以前は、柴崎村と呼ばれていた神田橋の内側、一ツ橋家および酒井家の屋敷地一帯にあった（図１）。だから隔年九月十五日に行われた神田明神祭礼の際には、「神輿」を江戸城内となった元の場所へ入れることができたのである。

また浅草の日輪寺《にちりんじ》を「柴崎道場」と呼ぶのも、元は神田明神の別当寺として、同じ柴崎村に創建（開山は真教坊〈一二三七〜一三一九〉)されたからである。それゆえ神田明神祭礼で神輿を出す際は、日輪寺の僧侶が誦経や念仏を唱えることが恒例であった。

(神田明神は)神田橋の内、一橋御館(徳川宗尹邸)のうちにありて、御手洗などいまなほ存すとなり(隔年九月十五日、祭礼の時は神輿をここに渡し奉りて、奉幣の式あり)。この辺り、旧名を柴崎村といふ。(中略)

その昔は、浅草の日輪寺も柴崎道場といひて、このところにありしなり。また、神田と号《なづ》くることは、伝へいふ、往古《そのかみ》諸国、伊勢大神宮へ新稲《にいいね》を奉るゆゑに、国中その稲を植うるの地ありて、これを神田《かんだ》あるひは神田《みとしろ》・御《み》田《た》と唱へしとなり。この地は、当国の神田《しんでん》なりしゆゑ、大己貴命《おおなむちのみこと》は五穀の神なればとて、ここに斎《いつきまつ》りて神田明神と号け奉りしとぞ。

(『江戸名所図会』巻之一)

(安政二年〈一八五五〉)九月十五日、神田明神祭礼。(中略)神輿ばかりは行列を整へ、神田橋を入り、古例の如く酒井侯屋敷前大手御橋の上にて奉幣あり。(中略)道筋先例の如く、車楽《だし》ねりものは神田橋へ入らず、(後略)

(『武江年表』)

(神田山日輪寺は)柴崎道場と号す。(中略)開山真教坊は、一遍上人第二世にして、往古《むかし》諸国遊化《ゆうげ》の頃、当国豊島郡柴崎村に至るに、かしこにひとつの叢祠《そうし》あり(神田明神これなり。いまの神田橋御門の辺、旧名を柴崎村といへり)。その傍らに一宇の草庵を結び、柴崎道場と号す(当寺の権輿《けんよ》〈発端〉なり)。

その後(中略)慶長年中(一五九六〜一六一五)神田明神は駿河台へ遷され、当寺は柳原のもとに地を賜ふ。また明暦（一六五五〜五八）の頃いまの地にうつる〔寺僧云く、「往古よりの由緒によりて、いまも隔年九月十五日、神田明神祭礼執行《しゅぎょう》のときは、当寺より上人以下衆僧等《しゅそうら》社頭に至りて、誦経《じゅきょう》・念仏等種々《さまざま》の修法《しゅほう》ありて後、神輿を渡してたてまつるを恒例とすること、いまに至りてしかりとぞ」。（後略）

（『江戸名所図会』巻之六）

真教坊が訪れた十四世紀初頭には神田明神はすでにあったから、創建はそれ以前。前述のように祭神は大己貴命（大国主命）であった。これに平将門が加わるのは、現在地の湯島へ移った元和二年（一六一六）以降のことである。移転後、半世紀を経て刊行された『江戸名所記』（寛文二年〈一六六二〉刊行）に、「此の社（神田明神）は将門の霊なり」とあるのが最初である。

将門だけが祭神のような書き方をした理由は定かではないが、新しい祭神を特別に宣伝する必要があったのであろうか。それとも他に思惑があったのであろうか。

それから百七十余年を経て刊行された『江戸名所図会』巻之五（天保七年〈一八三六〉刊）は、大己貴命に平将門を加えて祭神を二坐としている。ところが先に引用した社伝は、変わらず将門にしか触れていない。しかも、将門を併せ祀ったのは、日輪寺を創建した真教坊であるとしている。

社伝に曰く、人皇四十五代聖武天皇の御宇天平二年（七三〇）の鎮座にして、そのはじめ柴崎村に〔その旧地、神田橋御門の内にあり〕ありし頃、中古荒廃しすでに神灯絶えなんとせしを、遊行上人第二世真教坊当国遊化のみぎりここに至り、将門の霊を合はせて二坐とし、社の傍らに一宇の草庵を結び柴崎道場と号す〔いまの浅草日輪寺これなり〕。その後慶長八年（一六〇三）当社を駿河台に移され〔その頃日輪寺は柳原にて地をたまふ〕、元和二年（一六一六）またいまの湯島にうつせらる。そのまま旧号を用ひて神田大明神と称す（神主は代々柴崎氏なり）。
（『江戸名所図会』巻之五）

実際よりも古くいうのは寺社伝の常である。何の説明もないまま、いきなり何百年も遡らせ、真教坊が将門を祀ったぐらいのことは平気でいうだろう。しかし、主神に全く触れないまま、「将門の霊を合はせて二坐とし」たとあるのは尋常の感覚ではない。普通なら、「大己貴命に将門の霊を合わせて二坐とした」とするくらいの配慮はある。『江戸名所記』もそうであったが、主神である大己貴命を全く無視している。そう思ってみれば、現在の神田明神もこの考えを踏襲し、将門ばかりを全面に押し出している。

豊穣の神・大己貴命と、御霊《ごりょう》（祟り）の神・平将門は、元来真逆の存在である。なぜ豊穣の神のところへ御霊の神が居着いたのかはよくわからない。わからないが、大己貴命は大国主命で、国譲りをした神だから与《くみ》しやすかったのだろうか。名義上はともかく、実効支配するぐらい容易《たやす》いことだったのかもしれない。そう考えれば、今でも大己貴命を差し置いて将門が表に出ている理由もよくわかる。

実効支配といえば、神田明神の西に並ぶ地主神・祇園三社（三天王社）もまた封じ込まれた神である。『江戸名所図会』は左記のように記す。

●祇園三社　本社の西に並ぶ。当社地主の神なり。毎歳六月祇園会あり。
　五男三女（八王子と称す。六月五日大伝馬町旅所へ神幸、同八日に帰輿あり）。
祭神　素戔嗚尊（大政所と称す。六月七日南伝馬町旅所へ神幸、同十四日に帰輿あり）。

奇稲田姫（本御前と称す。六月十日小舟町旅所へ神幸あり。同十三日帰輿）。
社家の説に、大政所と称して南伝馬町の旅所へ神幸あるものは、すなはち『風土記』に、いはゆる江戸の神社なりとぞ。ゆゑに祭祀のみぎり、旧例によつて御城内大手の橋上にて奉幣の式あるも、その旧地なるによれりとぞ。

『風土記』に曰く。

豊島郡江戸神社　大宝二年壬寅（七〇二）、祭るところ素戔嗚尊なり。神貢百束三字田、云々。

（『江戸名所図会』巻之五）

祇園三社のうち「大政所《おおまんどころ》（素戔嗚尊《すさのおのみこと》）」は、『風土記』にいう「江戸の神社」である。だから、祭礼の際は、旧地である城内に入ることができた、とは神田明神に対して全く同じことをいっている。これはどういうことであろうか。

牛頭天王

前述のように、神田祭の際、神輿が江戸城内へ入れたのは、そこが神田明神の旧地だったからである。同時にそこは、地主神・江戸神社の旧地でもあったということである。また江戸神社の祭神・大政所は元来、牛頭天王《ごずてんのう》のことである。これが素戔嗚尊になったのは、平田篤胤の『牛頭天王暦神弁』（文政六年〈一八二三〉刊）の影響である。同書が、「スサノオを牛頭天王に変更したのは、吉備真備である」と述べたため、元へ戻したつもりなのだろう。これに伴い全国の「祇園社（祭神・牛頭天王）」も「八坂神社（祭神・スサノオ）」へ変更させられることとなる。しかし、それはもう少し後のこと。まずは『牛頭天王暦神弁』を見てみよう。

須佐之男尊《すさのおのみこと》を牛頭天王と為したるは吉備公の所為なること著名《あきらか》なり。（中略）牛頭天王の号は天竺の神の名にて、祇園精舎の守護神なり。素戔嗚尊を牛頭天王と号せる故に、其の在所をも祇園と号す。天竺の祇園を表せるなり。

（『牛頭天王暦神弁』）

「其の在所をも祇園と号す」とは、京都の祇園社（現八坂神社）のある場所は、山城国愛宕郡八坂郷であったが、祇園社が出来たため一帯を祇園と呼ぶようになったことによる。明治以降、祇園社の名は廃され、地名を採って「八坂神社」と改称。祭神も牛頭天王から素戔嗚尊へ変更された。しかし、今でも「八坂」と呼ばれるのは神社だけで、一帯は祇園のままであり、祭りも祇園祭を踏襲している。

『江戸名所図会』が載せる『風土記』に従えば、江戸神社は大宝二年（七〇二）に創建された（但し、当初から江戸神社と呼ばれていたかは不明）。一方の神田明神は、社伝でも天平二年（七三〇）だから、江戸神社の後から出来た。つまり江戸神社の境内を神田（＝田圃）にした際、田圃の守護神として創建されたのである。

その際に、江戸神社（大政所・牛頭天王）を地主神に封じ込め、境内地は神田明神が取り上げた。以来、牛頭天王一家は神田明神が引越のつど、一緒に移動した。現在も境内の西側で「地主神」として尊敬されているのはその名残である。但し呼び方は「祇園三社」から「三天王」へ変更され、祭神は三社とも建速須佐之男尊《たけはやすさのおのみこと》へ変更された。

なお、『風土記』の表記が「祭るところ素戔嗚尊なり」とあることには疑義がある。『風土記』なら『備後国風土記』が記すように「武塔神《むとうのかみ》」であったはずである。

備後国の風土記にいはく。疫隈の国つ社。昔、北の海にいましし武塔神、南の海の神の女子をよばひ（夜這い）に出でまししに（後略）

（『備後国風土記』逸文）（傍点筆者、以下同じ）

また、武塔神を牛頭天王と呼ぶようになったのは、鎌倉末期から室町初期にかけて編纂された『十巻本　伊呂波字類抄』や『神道集』からである。

天竺より北方に国あり。（中略）牛頭天王。又の名を武塔天神と曰ふ。

（『十巻本　伊呂波字類抄』）

牛頭天王ハ武答（塔）天神王等ノ部類ノ神也。天形星トモ武答天神トモ、牛頭天王トモ崇ル

（『神道集』巻第三「祇園大明神事」）

寺伝社伝の類を除き、スサノオを武塔神へ習合させた最初は、『釈日本紀』（文永十一年〜正安三年〈一二七四〜一三〇一〉成立）を編纂した卜部兼方が、『備後国風土記』へ加筆したものである。その後は、『二十二社註式』（文明元年〈一四六九〉成立）が載せる「牛頭天王　号大政所　進雄尊《すさのおのみこと》」である。いずれも本地垂迹説が基になっている。これに異議を唱えたのが平田篤胤であり、すぐに反応したのが斎藤月岑《さいとうげつしん》である。

『江戸名所図会』は、斎藤月岑により天保五年（一八三四）と同七年の二回に分けて刊行された。その初回は『牛頭天王暦神弁』の刊行から十一年後である。平田篤胤の思想（尊皇思想）が世間に流布するのはもう少し後だが、町名主だった月岑にはいち早く情報が入ったのであろう。月岑は祇園三社と呼ぶ言い方は踏襲したものの、祭神を牛頭天王

一家からスサノオ一家へ変更した。つまり、牛頭天王（大政所）は素戔嗚尊（大政所）へ、妻の頗梨采女《はりさいじょ》は奇稲田姫《くしなだひめ》（本御《もとご》前《ぜん》）へ、八王子は五男三女へ切り替えたのである（左記一覧表参照）。

神田明神　祇園三社祭神変遷一覧

文政年間以前	文政年間　以降明治まで		明治以降　現在まで		
祇園祭神（江戸神社）	江戸名所図会祭神（祇園三社）	境内末社名 旅所	現在祭神名（三天王）	境内末社名 旅所	備考 祭礼
牛頭天王（大政所）	素戔嗚尊（大政所）	江戸神社 南伝馬町	建速須佐之男命	江戸神社 神田市場跡地付近	神田市場→奉賛会
頗梨采女	奇稲田姫（本御前）	小舟町	建速須佐之男命	小舟町八雲神社 小舟町	小舟町
八王子	五男三女	大伝馬町	建速須佐之男命	大伝馬町八雲神社 神田明神境内	大伝馬町

しかし一般への周知は未だできていなかった。だから『江戸名所図会』自体、月岑が書いた本文は素戔嗚尊《スサノオノミコト》一家へ変更したが、挿絵の祇園三社はそれまで同様「牛頭天王三社」と、牛頭天王のままである。同じ頃書かれた風俗百科事典『守貞謾稿』（天保年間頃から著述）も、「江戸牛頭天王祭」の項で、江戸の牛頭天王祭について述べているが、説明の大半は神田明神の牛頭天王祭についてである。

このように神田明神と牛頭天王（江戸神社）は、切っても切れない関係にある。現在でも神田祭の最初と最後は、江戸神社（の千貫神輿）が務める。つまり、本社ではなく末社が務めるのである。これも神田明神創建の歴史と関わるのであるが、今は旧地を探る。

古冢

現在、江戸神社および神田明神旧地には、近代的なビルが建ち並ぶ。その一角に、「平将門の首塚」なるものがあり、千代田区教育委員会が建てた左記の説明板がある。

図２　「午《(ママ)》頭天王三社」のままの挿絵（『江戸名所図会』）

　将門首塚の碑

昔この辺りを柴崎村といって、神田山日輪寺「牛頭天王三社」のままの挿絵や神田明神の社があり、傍らに将門の首塚と称す（『江戸名所図会』）るものがあった。現在塚の跡にある石塔婆は徳治二年（一三〇七）に真教上人が将門の霊を供養したもので、焼損するたびに復刻し現在に至っている。

明治二年（一八六九）より第二次世界大戦時まで、この地に大蔵省が設置され、大蔵大臣阪谷芳郎は、故跡保存碑を建立し、後人のために史跡保存の要を告示されたのである。

平成三年三月　千代田区教育委員会

「このあたりを柴崎村といって、神田山日輪寺や神田明神があり」までは、これまで確認したことと一致する。但し、それ以前からあった江戸神社には全く触れていないのは不思議である。

反面、「傍に将門の首塚と称するものがあった」と、これまでどこにも出てこなかったことが書き加えられている。神田明神が将門を祀るようになったのは、現在地湯島へ引っ越して以降のことである。なぜ将門を祭神に加えたのかについてはよくわからない。わからないなりに想像をたくましくすると、牛頭天王に擬したのではなかろうか。

江戸氏が氏神とする以前からあった江戸神社の祭神・牛頭天王は、いきなり神田明神に境内を没収されたのである。嬉しいはずはない。将門もまた、関東の覇者として君臨していたところを退治されてしまった。両者の共通項が〝恨み節〟であり、祟りをなす要素を持ち合わせていてもおかしくはない。江戸神社の祭神牛頭天王に将門を被せ、将門伝説が作られた可能性は大きい。だが、もともとあった古塚(古墳)を「将門塚」といいだしたのは案外新しく、明治も終わり近くなってからである。

明治四十年(一九〇七)に刊行された『平将門故蹟考』(織田完之著)は、「将門塚」説を唱えた最初の本だが、同書口絵の説明は「将門塚」ではなく、「古冢《ふるづか》」である。見るからに古墳であるため、首塚とするには大きすぎたからであろう。また将門は、決して叛逆者などではなく、むしろ賞賛されるべきであると、擁護するために同書を書いた旨の言葉が並ぶ。

世に平将門は、偽都を作り僭号を立て、天位を覬覦したる如く伝ふるは、全く稗史の誤伝なり。武蔵介源経基が虚構の讒言中傷して、遙かに征討の軍東下するに際し、貞盛秀郷等の為に逆殺せられたるのみ。将門は巧ありて、将に賞せられんとしたるほどにて、固より罪の問ふべき事なき人なり。其の怨恨、祟りをなして鎮まらず。奏請して大明神と尊称し、千万人の崇祀する所となるも亦洵《まこと》にある哉。

(『平将門故蹟考』総論・序文)

源氏の元祖源経基は、将門のことを讒言《ざんげん》中傷して、征討軍を呼び寄せた。そのため、将門は平貞盛や藤原秀郷らに殺されてしまった。元来将門は巧（功）があり賞せられるべき人物であって、罪人などではない。にもかかわらず、讒言によって殺されてしまった。その恨みが、祟りをするようになったのであるから、（冤罪を晴らした上で）大明神として祀り、多くの人が崇祀（宗祀＝尊び祀る）すべきである、と。

一般に流布している説とは、まるで逆のことを述べている。本文もまた次のような書き出しで始まる。

平将門之冢《つか》は明治の昭代に顕《あらわ》れたり、誰か料《はか》らんや、東京の中央皇居の東北皇宮の附属地なる大手町大蔵省の南庭中にあらんとは。天慶三年（九四〇）より明治三十九年（一九〇六）に至る九百六十七年の間、無実の冤枉《えんおう》を蒙《こうむ》り、満天下の人は皆将門を目して天位を覬覦せる大叛臣と思ひ居れり。之が為めに其の冢も隠悔して仮山となり。

（中略）

我邦、三千年来未嘗一人の天位を覬覦するものあらず。海外万国をして、之を知らしむるは皇国に光輝を添るなり。千載国史の汚濁を清むるなり。九百六十六年の冤罪を解くなり。あに之を駄々に付するに忍びんや、謹んで上ると云ひ、宮内大臣へも上書し、本書数冊を宮廷へ献ず。（中略）

大蔵省玄関の前に古池あり。由来、是を神田明神の御手洗池なりと伝ふ。池の南少し西に当りて将門の古冢あり。高さ凡二十尺（約六ｍ）、週廻十五間（約二七ｍ）許《ばかり》、其の冢の傍ら古蓮池に沿うて樅樹《もみのき》の巨大なる枯幹あり。古の神木なりと伝ふ。東より西に向けて苔石敷級を登れば老桜樹あり。枝を交へて右に聳へ又老樅樹の大なるもの古冢の背を擁して立ち、其の他樹《しいのき》の老大なるものあり。（中略）

冢前の東二間《けん》（約三・六m）許に礎石あり。幅七尺（約二・一m）許。今は古石灯籠を置く。此の物は昔冢前の常夜灯にてありしならん。此礎石は真教上人の蓮阿弥陀仏の謚号を刻せし版碑を此の上に立たりし事は疑ふべくものあらず。其の事は（中略）。

古蓮池は面積凡三百坪（約九九〇㎡）許。（後略）

（『平将門故蹟考』）

平将門の冢（塚）は、明治の昭代（光り輝く世）に突然顕《あらわ》れたというのである。つまり、「それまで、将門塚伝説はなかった」といっているのである。挿絵に描かれた「古冢」を見ると古墳である（図3）。明治三十九年（一九〇六）どころか、将門の時代よりはるか以前からあったはずである。突然顕れたのではなく、将門伝説の作られたのがその頃なのである。

藩政時代には、大名庭園の築山として利用されていた古墳である。祟りはもちろん、将門の噂があったりすれば、築山として利用するはずはない。いうまでもないことだが、諸大名の行動に逐一目を光らせていた徳川幕府である。将門を祀ったりすれば「謀反の心あり」と、たちまち改易されるのがオチである。将門伝説はなかったと考える方が自然である。

古蓮池は周濠の名残かもしれないし、庭造りの際に掘られたものかもしれない。いずれにしても千数百年は経っていただろうが、後に撮られた写真と比べても、思いのほか原形を留めていたようである。

関東大震災後に撮られた、取り壊し中の古冢写真（図4）と照合しても、『平将門故蹟考』の絵は正確に描かれた様子が見てとれる。違いは、写真の「古冢」上には、笠石を乗せた石碑のようなものが写っていることである。これは明治の挿絵にはないものである。また本文でも触れられていない。「将門塚」の名称を固定化させるために、後から建てられた作為物だと思う。

なにしろ、「我が国には、三千年来未だ嘗《かつ》て、皇位を狙うものなど居なかった。海外万国にこのことを知らしめることは、皇国の誉れを一層輝かすものである。だから、九百六十余年に亙って語られた平将門の冤罪を今こそ晴らすべき時である」と、強調する。つまり将門は反乱者などではなく、忠誠を尽くした人であったというのである。その証明と供養のために建てられた石碑である。

これが大正時代になるとどう変化するか。前記の取り壊し中の古冢写真を載せる『江戸伝説』（佐藤隆三著、大正十五年〈一九二六〉刊）の一文、「将門首塚」を見てみよう。

図３　大蔵省庭前古冢並びに池、喬木、石灯、水盤、現在図
（『平将門故蹟考』所載）

大蔵省の門を這入って、左手の内務相に接した処に五段の石垣があって、その壇上に、高さ三尺（約九〇cm）巾九寸（約二七cm）許りの古びた碑石と、そしてその傍に築山様の小高い塚がある。それが将門の首塚である。この塚のほとりに将門の首洗ひの井戸と、北手に約三百坪程の御手洗池と唱へる古池もあったが、大震災後大蔵省の仮庁舎建設の為め、邪魔になると云ふので撤去し、且つ塚の形を改めたのは、古蹟保存の上から甚だ遺憾に思はれる。此の地はもと神田明神の発祥地で、いまの明神の社は昔し此の処に在ったのである。

神田明神は大已貴命を祭神とし、夫れに将門を合祀したものであるが、明治の御代となって、将門を合殿に祀るのは、天長に憚るといふ意から出たものか、明治七年祀典を正して将門の

図4　取り壊し中の古塚（将門塚）（『江戸伝説』より）

霊を摂社に下し、新たに少彦名命を迎へて大己貴命と二柱の神となし、神田神社と改め府社に列せられた。将門の霊はいま本社の左隣に社を建てて別にして終った。江戸ッ子が逆賊将門を崇拝すると云ふので、笑ふ人もあるが、将門を逆賊扱ひするのは当を得たるものではないと思ふ。

（『江戸伝説』）

わずか二十年たらずの間に、忠臣から逆賊への逆戻りが行われたのである。しかも、その兆候はあった。『江戸伝説』も書いているように明治七年（一八七四）に、神田明神祭神から摂社へ落としたのを見ても、逆臣伝説は根付いていた。だから『平将門故蹟考』で、訂正しなければならなかったのである。

同書の影響は、若干だが『江戸伝説』にも引き継がれ、「将門を逆賊扱ひするのは当を得たるものではないと思ふ」と、おそるおそる意見を述べているのはその名残である。いずれにせよ未だ「首塚」と云う言葉は定着していない。これが定着するのは、古墳が跡形もなく壊され、石碑だけになった昭和以降のことである。

それにしても、『江戸名所図会』や『平将門故蹟考』では「神田明神の御手洗《みたらい》」であったものが、『江戸伝説』では「将門の首洗いの井戸」へ変換しているからおそれいる（『江戸伝説』が「御手洗池」と名付けた三〇〇坪の池は、『平将門故蹟考』の「古蓮池」である）。

『平将門故蹟考』の挿絵にはなく、『江戸伝説』の写真に初めて載った冢上の石塔婆を、先に紹介した「将門首塚の碑」では、「現在塚の跡にある石塔婆は徳治二年（一三〇七）に真教上人が将門の霊を供養したもの」と、史実であるかのような書き方であるのも気になる。

将門の首塚

さらに東京都が建てた「都旧跡　将門塚」碑の傍らに東京都教育委員会が建てた「将門塚」説明板は、左記のように書く。

将門塚

平将門は、平安時代中ごろに関東地方で大規模な反乱（天慶の乱）を起こした人物です。徳治二年（一三〇七）遊行寺二世真教上人が江戸に行脚した折、将門塚が荒れ果てていたため塚を修復し、板石塔婆を建てて傍らの日輪寺において供養されたとされます。その霊は神田明神において祀られ、神田明神が移転した後も塚はこの地に残りましたが、大蔵省再建事業の際に崩されました。幾多の変遷の後、昭和四五年（一九七〇）に将門塚保存会などにより現況のように整備されたものです。

平成二四年三月　建設　　東京都教育委員会

『江戸名所図会』には、「（日輪寺開山）真教坊（一二三七〜一三一九）は、一遍上人第二世にして」とあって、遊行寺二世とは書いてない。なによ

図５　「将門塚」現状右に建つのが、東京都教育委員会が建てた説明板

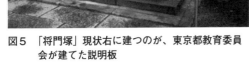

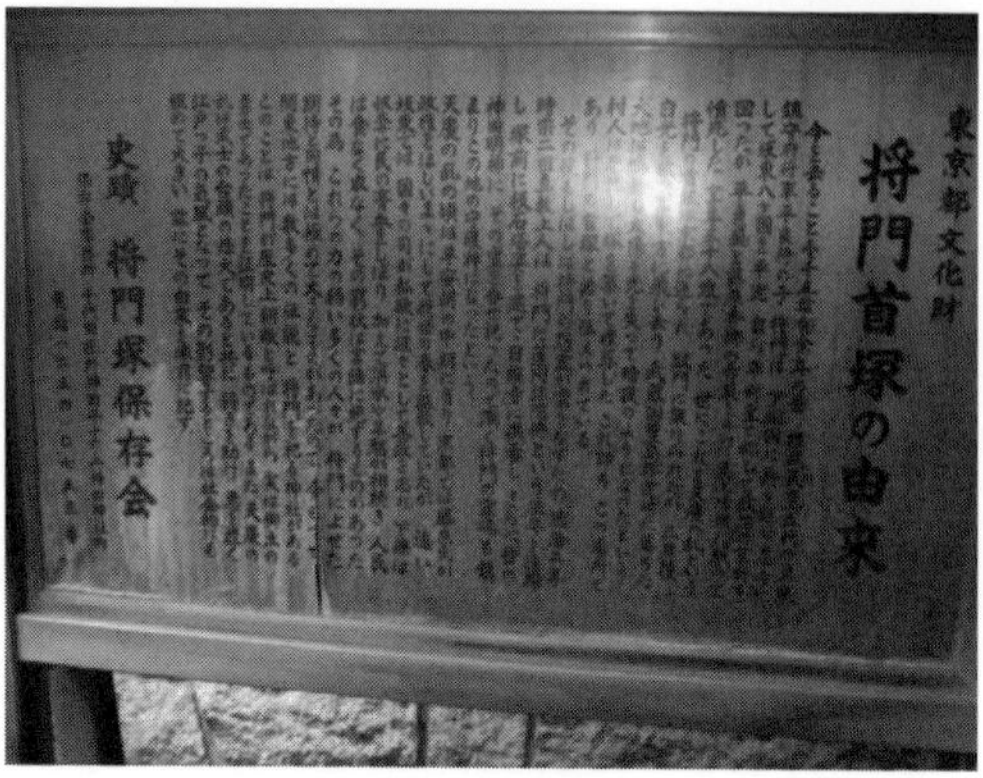

図６　「将門首塚の由来」案内板

り、遊行寺が創建されたのは、寺伝でも正中二年（一三二五）である。未だ出来てもいない寺の住職に就任したとすれば、真教坊は幽霊か。

「徳治二年に将門塚を修復し、板塔婆を建て、傍らの日輪寺で供養した」というのもおかしい。日輪寺は、真教坊が創建した寺である。初めて尋ねた際、すでに傍らにあったとすれば、創建することなど出来ない。

いずれにしろ、はっきりしたことは、左記の通りである。

①江戸神社および神田明神、日輪寺の旧地にあった古墳を「将門塚」というようになったのは、明治四十年前後からであること。

②「将門首塚」ともいうようになったのは、関東大震災（大正十二年）頃からであること。

③「将門首塚」が定着したのは古墳が取り壊された後、昭和になってからであること。

④今でも、正式には「将門塚」であり「将門首塚」は俗称であること。だから、将門塚敷地内で、一番大きな看板「東京都文化財　将門首塚の由来」（図６）を建てた団体名も、「史蹟将門塚保存会」であって、「将門首塚保存会」ではないのである。

【参考文献】

『江戸名所図会』　斎藤月岑作、七巻二十冊、天保五～七年（一八三四～三六）刊。明治二十六年（一八九三）、博文館刊。以来現在に至るまで複製刊行多数。

『江戸切絵図』　携帯用区分地図に似る、宝暦五年（一七五五）に吉文字屋が板行したのが嚆矢とされる（安永四年（一七七五）までに八枚板行）。江戸全体を切絵図にして板行したのは、「近吾堂（近江屋吾平）」と「尾張屋（尾張屋清七）」の二軒。

『江戸名所記』　浅井了意作、寛文二年（一六六二）刊。大正五年（一九一六）、江戸叢書刊行会ほか。

『牛頭天王暦神弁』　平田篤胤作、文政八年（一八二五）刊。国立国会図書館ほか蔵。『新修　平田篤胤全集』第七巻（名著出版、昭和五十二年（一九七七））所収。

『備後国風土記』逸文　奈良時代初期編纂の風土記、卜部兼方が鎌倉時代中期に編纂した『釈日本紀』に記した「蘇民将来」の逸話を伝存。

『十巻本　伊呂波字類抄』『色波字類抄』は、①平安末期の天養～長寛年間（一一四四～六五）に成立した辞書。二巻または三巻本だが、完本は伝わらず、②治承年間（一一七七～八一）、三巻本となる。③鎌倉時代（文治元年～元弘三年（一一八五～一三三三））初期、増補改訂版である『十巻本　伊呂波字類抄』成立。

『神道集』　安居院　唱導教団（南北朝時代の仏教宗派）編纂とされる説話集。著名諸神社の縁起を本地説話で述べたものが多い。全十巻。平凡社東洋文庫。

『二十二社註式』　朝廷が定めた格式ある神社二十二社。国家の重大事、天変地異の時などに別の奉幣を受けた。これが定まったのは平安末期の永保元年（一〇八一）である。以来、室町後期宝徳元年（一四四九）まで続いた社格制度。『群書類従』ほか。

『守貞謾稿』　江戸時代後期の三都（京都・大坂・江戸）の風俗を絵入りで説明した百科事典、喜田川守貞が天保八年（一八三七）から約三十年間書き綴った。刊行されず稿本のまま残されたが、近代になって翻刻出版された。明治四十一年（一九〇八）『類聚近世風俗志』と名付けられ國學院大學出版部より活字版で刊行。その後昭和九年（一九三四）京都の更生閣書店から再出版。挿絵は原本を模写。その後東京堂出版から『守貞謾稿』(本文は原本通りカタカナ表記)、岩波文庫から『近世風俗志』(本文はひらがな表記に改めている)で出版。挿絵は共に原本複写。「漫稿」「謾稿」両様あるが、本書では「謾稿」を採用した。

『平将門故蹟考』　織田完之著、明治四十年(一九〇七)刊。国立国会図書館デジタルコレクションほか蔵。

『江戸伝説』　佐藤隆三著、大正十五年(一九二六)、坂本書店出版部刊。東京都立中央図書館ほか蔵。

「将門首塚の碑」　令和三年四月撤去、現存せず。令和三年四月に将門塚一帯が全面リニューアルされ、それまでと様相を一変した。敷地全体を覆っていた樹木は全面撤去され、今風の明るい公園のような佇まいに大変身した。そのためか若い女性を中心に参拝者が増え、日々千人を超えるようになった(管理人の話)。

「将門塚碑説明板」　こちらも全面リニューアルされた。代わらないのは「東京都指定旧跡、昭和四十六年(一九七一)三月　東京都教育委員会指定」部分だけ。全体に解説が長くなった。当然のことだが、元は古墳であったことなど一行も触れていない。

令和3年にリニューアルされた将門塚

牛頭天王の類を取り除くべし
―明治維新と廃仏毀釈―

わいわい天王

藩政時代、江戸の街には「わいわい天王」と呼ばれる大道芸人が盛んに出没していた。天狗の面を被って子供を集め、「わいわい天王囃《はや》すがお好き。喧嘩《けんか》は嫌い仲良く遊べ」などと唱えながら、「牛頭天王」と書かれたお札をばらまき、後で親の家を一軒一軒訪ねてはお布施を集めていた（図１）。子供にとっても牛頭天王は、それほど身近であった。

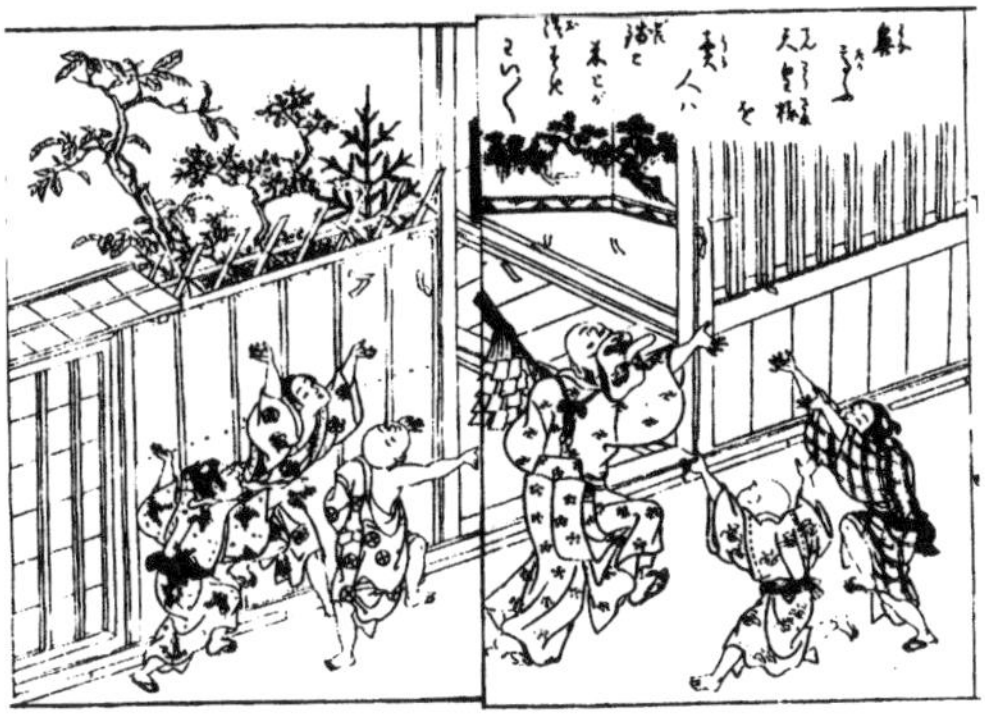

図１　わいわい天王　「鼻高ふ　天皇（天王）様を　売る人は　銭と米とが　お好き　わいわい」（『絵本花の緑　下巻』石川豊信画、宝暦13年〈1763〉刊）

しかし現在では、わいわい天王に限らず、牛頭天王を知る人は少ない。慶応四年（一八六八）三月二十八日、神祇官事務局から出された「通達」、いわゆる「神仏分離令」によって、名指しで非難・排斥されたからである。
（傍点筆者引用者。以下同じ）

　　　神祇官事務局達　　　　　慶応四年三月二十八日

一、中古以来、某権現或ハ牛頭天王之類、其外仏語ヲ以神号ニ相称候神社不少候、何レモ其神社之由緒委細に書付、早早可申出候事、但勅祭

之神社　御宸翰　勅額等有之候向ハ、是又可伺出、其上ニテ、御沙汰可有之候、其余之社ハ、裁判、鎮台、領主、支配頭等ヘ可申出候事、
一、仏像ヲ以神体ト致候神社ハ、以来相改可申候事
　附、本地抔と唱へ、仏像ヲ社前ニ掛、或ハ鰐口、梵鐘、仏具等之類差置候分ハ、早々取除キ可申事、
　右之通被仰出候事
（神祇官事務局通達「神仏分離令」）

牛頭天王は元来、祇園精舎の守護神とされる。そのため祇園信仰の神＝祇園明神とも呼ばれた。陰陽道では天刑星。神仏習合ではスサノオの本地、薬師如来に垂迹した。

南北朝期に編纂された『神道集』は、祇園大明神＝牛頭天王＝天刑星＝武答天神＝（男躰）薬師如来・（女体）十一面観音、と述べる。

また史書に現れる最初は、『釈日本紀』（一二七四〜一三〇一）が載せる『備後国風土記』逸文（七一〇〜）である（以下Aとする）。ところが、これには「牛頭天王」の名前は何処にもなく、「武塔神《むとうのかみ》」とこれに習合された「速須佐の雄《はやすさのお》」が出てくるだけである。原典史料であり、後の史料とも関連するので全文を載せる。

備後の国の風土記にいはく、疫隈の国つ社。昔、北の海にいまし武塔の神、南の海の神の女子をよばひ（夜這い）に出でまししに、日暮れぬ。その所に蘇民将来二人ありき。兄の蘇民将来は甚貧窮しく、弟の将来は富饒みて、屋倉一百ありき。ここに、武塔の神、宿処を借りたまふに、惜しみて貸さず、兄の蘇民将来惜し奉りき。すなはち、粟柄をもちて座となし、粟飯等をもちて饗へ奉りき。ここに畢へて出でませる後に、年を経て八柱の子

を率て還り来て詔りたまひしく、「我、奉し報答せむ。汝が子孫その家にありや」と問ひ給ひき。蘇民将来答へて申ししく、「己が女子とこの婦と侍り」と申しき。すなはち詔たまひしく、「茅の輪をもちて、腰の上に着けしめよ」と。詔のまにまに着けしむるに、即夜に蘇民と女子一人を置きて、皆悉にころしほろぼしてき。すなはち詔りたまひしく、「吾は速須佐の雄の神なり。後の世に疫気あらば、汝、蘇民将来の子孫といひて、茅の輪をもちて腰に着けたる人は免れなむ」と詔りたまひき。

（『釈日本紀』所収『備後国風土記』逸文）

伝説の類を除けば、牛頭天王という名前が現れる最初は、『本朝世紀』（一一五〇～五九）が載せる次の一節である。

延久二年（一〇七〇）十月十四日。（中略）火出来焼失宝殿。幷飲舎屋。牛頭天皇《ママ》。御足焼損。蛇毒気神焼失了。

（『本朝世紀』）

右の火災については、『扶桑略記』（一〇九四～）がすでに載せるが、こちらの主神は（武塔）天神である。

（延久二年）十月十四日辛未。戌時、感神院大廻廊、舞殿、鐘楼、皆悉焼亡。但、天神御躰奉取出之。（中略）（十一月）十八日乙巳。以官使検録感神院。八王子四躰。幷蛇毒気神大将軍御躰焼失実否。

（『扶桑略記』）

同一事件のことを書きながら主神の名前が異なるのは、後から書かれた『本朝世紀』が書き換えたからである。六、七十年の間に、「（武塔）天神」を「牛頭天皇（天王）」とも云うようになったことがこれで知れる。

しかしながら、「天神(＝武塔天神＝武塔神)」と「牛頭天皇」は同じである、と書かれてあるわけではない。同一事件の記録であることと、両書に共通する蛇毒気神焼失等の状況証拠を通しての推察である。実際に、牛頭天王と武塔(天)神が並記されるのは、鎌倉末期から室町初期(十四世紀)にかけて編纂された『十巻本　伊呂波字類抄』や、南北朝期(十四世紀)編纂の『神道集』によってである(以下Bとする)。

天竺より北方に国有り。其の名を九相と曰ふ。其の中に園有り。名を吉祥と曰ふ。其の園中に城有り。其の城に王有り。牛頭天王。又の名を武塔天神と曰ふ。

(『十巻本　伊呂波字類抄』)

抑祇園大明神者　世人天王宮ト申。即牛頭天王是也。牛頭天王ハ武答天神王等ノ部類ノ神也。天形星トモ武答天神トモ、牛頭天王トモ崇ル。(中略)御本地ハ男体ハ薬師如来、女体ハ十一面(観音)ト云フ。殊ニ此土ノ衆生ヲ哀ミ利益ヘリ。其利益ト申ハ往昔ノ時、北海ノ婆斯帝ト廻国ノ北陸天王トテ在ス、牛頭天王ト名ヅク。此則吉祥婆利采女武答天王ト申スハ是也。

(『神道集』巻第三「祇園大明神事」)

Aによって「武塔神と速須佐の雄」が、Bによって「牛頭天王と武塔天神」が、それぞれ結びつき、いずれにも共通の「武塔(天)神」を介して、漸く「武塔(天)神＝速須佐の雄＝牛頭天王」の三者が繋がった。八世紀初頭の『備後国風土記』から十四世紀の『十巻本　伊呂波字類抄』『神道集』まで約六百年を要している。

しかし、これで終わったわけではない。後に表で示すが、牛頭天王と武塔(天)神の関係は、複雑でなかなか固定しない。親子関係であるもの、関係がわからないもの、新羅国明神とするものなど、史料によって異なっているからである。それでも、武塔神と牛頭天王については、各種史料が載せる。ところが、「スサノオ」については、『釈日本紀』が載せる『備後国風土記』逸文以外はほとんどが伝説の類である。

『備後国風土記』逸文が載せる「吾は速須佐の雄の神」についても、『釈日本紀』の編者卜部兼方が書き加えたのではなかろうかとの疑念を抱く。卜部兼方は、現在の学界では否定されている、日本固有の文字「神代文字」の存在説を初めて唱えた人物でもあるから。

また『備後国風土記』と同じ頃に編纂された『日本書紀』一書は、素戔嗚尊《すさのおのみこと》と子供の五十猛《いそたける》のことを書きながら、武塔神については一言もない。

素盞嗚尊その子五十猛を帥《ひき》ゐて、新羅国に降到《くだり》まして、曾尸茂梨《そしもり》之処に居《ま》します。乃ち興言《ことあげ》して曰く。此地吾不欲居《われをらまくほりせじ》とのたまひて、遂に埴土《はにつち》を以て舟を作り、乗りて東に渡り、出雲国の簸川《ひのかわ》上に在る鳥上《とりかみ》の峰に到、

（『日本書紀』一書）

反面、右の話は、後年に調えられた『広峰神社社伝』に取り入れられている。

崇神天皇の御代に広峰山に神籬《ひもろぎ》を建て、素盞嗚尊、五十猛命を奉斎し其後、聖武天皇天平五年（七三三）吉備真備公に勅して、広峯山に大社殿を造営、新羅国明神と称し、牛頭天王と名づけ、

（『広峰神社社伝』）

出雲の話を播磨に移すに際し、播磨ではあまり知られていない「鳥上の峰」を、地元では誰もが知っている「広峰

山」に置き換えたのである。広峰に限らず、遠くの山を身近な山に置き換えることなら普通に行われる。落語で知られる「蝦蟇《がま》の油売り」も、元は上方落語だから「伊吹山《いぶきやま》」が舞台であった。この話を関東へ移すに際し、知る人の少ない「伊吹山」よりも、関東では著名な「筑波山」へ変更した。それと同じである。

「新羅国明神」としたのは、素盞鳴尊および子供の五十猛命が新羅から日本へ来たことを受けてのことである。『日本書紀』一書にはない「牛頭天王」を書き加えたのは、広峰社は元来「祇園本社」と呼ばれていたように、主神が牛頭天王から素戔嗚《すさのお》に変更された後も、祇園本社の地位を保ち続けていたからである。『播磨鑑』に、次のようにある。

広峰社

祭神三座　素戔嗚尊　稲田姫　八王子

社記云、委細ノ社記長キユヘ略之、詳ニ下本ニ載之、

聖武天皇天平五年(七三三)三月十八日、吉備公帰朝於此地見異神乃素戔嗚尊也。還到京師奏旨奏勅。同六年令営社。其後円融院天禄三年(九七二)自西峯遷于広峰。其後又貞観十一年(八六九)遷于山城京祇園之社是也。(後略)

古キ文ニ云

播磨国広峰山者祇園ノ本社也。自今以後可停止守護使ノ之乱入之状依テ鎌倉殿ノ執達ニ如件。

建保四年(一二一六)八月廿八日　　信濃守　判

「稿本」　本殿は素戔嗚尊也。牛頭天王ト御名を称ヘ斎《いつき》祭る、(後略)

(以上『播磨鑑』)

さらに同書が載せる稿本『広峰牛頭天王三太神八王子御鎮座次第記』に、次のようにある。

其後人皇五拾六代　清和天皇貞観十一年（八六九）、洛陽祇園の地に移す。依て祇園の本社也。

（『播磨鑑』）

「吉備公」（真備）は、権威づけのための利用であろう。当時に限らず近年まで、外国へ出かけることは命がけであり、大変な困難を伴っていた。それだけに新しい知識を得て帰ってきた留学生は大切にされた。明治になっても「洋行帰り」が破格の待遇で迎えられたのも同じである。吉備真備が留学していたのは新羅ではなく唐である。それにもかかわらず「新羅国明神」であったのは、アメリカ人相手でも「唐人お吉」と呼ばれたのと同じ。「唐」とは国名であると同時に、外国を意味する言葉だったからである。

『播磨鑑』より三、四百年以前、『神道集』と同じ頃の編纂とされる、播磨地方の地誌『峯相記《みねあいき》』は、『播磨鑑』とは異なり、牛頭天王の縁起しか載せない。

広峰山（の）事　（中略）元正天皇ノ御宇。霊亀二年丙辰（七一六）。吉備真備入唐ス。在唐十八年、所学十三道。殊ニ陰陽ヲ極芸トセリ。聖武天皇ノ御宇。天平五年癸酉（七三三）帰朝。当山ノ麓ニ一宿シ給ヘリ。爰ニ夢ニモ非ズ現ニモ非ズ。貴人出来シテ。我ハ古丹ガ家ヲ追出サレ。蘇民ガ為ニ助ラレテ。流人ト成リテヨリ已来居所未ダ定ラズ。汝ト唐朝ニテ契タリシヲ憑テ追来也ト云々。則当山ニ崇メ奉ル牛頭天王是也。数年ヲ経テ後。平安城ヲ立ラレシ時。東方守護ノ為ニ。祇園荒町ニ勧請シ奉ルト云々。恐《おそらく》ハ当社（＝広峰社）ヲ以テ本社ト為スト云々。

（『峯相記』）

京都の祇園社（八坂神社）は広峰社から分社された、との言い伝えは、『二十二社本縁』（延慶元年〈一三〇八〉頃）が既に載せる。疫隈《えのくま》を出発した武塔の神（牛頭天王）が、明石浦に降り立ち、広峰を経て京都へ行くというのは、順路としても自然である。

広峰社は天平五年に吉備真備が帰朝後創建したというのは、弘法大師創建寺院が全国にあるのと同じ伝説の類である。祇園本社であるには、京都よりも旧い創建とする必要がある。吉備真備と蘇民将来の出会った場所が「唐朝」であるのも少々気になるが、神話伝説にはよくあることである。

但し、同じ蘇民将来伝説であっても、『備後国風土記』逸文が伝えるものとは、いくぶん異なる。調えられた様子が見てとれる。『備後国風土記』逸文では兄弟二人の蘇民将来であったが、ここでは蘇民（将来）と古丹（将来）に分離している。また「武塔の神」ではなく「牛頭天王」としているのは、『本朝世紀』以降に作られた伝説だからである。

また「スサノオ」についての記述がないのは、この頃までの広峰山には「スサノオ伝説はなかった」ことを意味する。これが垂迹を載せる確実な史料は、『二十二社註式』（文明元年〈一四六九〉）である。

牛頭天皇、初垂迹於播磨明石浦、移広峰、其後移北白河東光寺、其後人皇五十七代陽成院元慶年中（八七七〜八五）移感神院、

〔託宣曰、我天竺祇園精舎守護神云々、故号祇園社〕

西間　本御前、奇稲田媛垂迹、一名婆利〔采〕《（サイ）》女、一名少将井、脚摩乳手摩乳女、

中間　牛頭天皇、号大政所、進雄尊垂迹、

東間　蛇毒気神、〔娑竭羅《イ》〕龍王女、今御前也、　　　（『二十二社註式』）

八坂神社

「牛頭天皇が進雄尊《すさのおのみこと》へ垂迹」したとの公式見解は、この頃に始まったようである。ところが京都の祇園社（八坂神社）は、全く逆の言い方をしている。また広峰から移ってきたことをも全面的に否定している。

祇園の神は日本の神話に語られているスサノヲのミコトであるが、平安時代以来、神仏習合によって、「牛頭《ごず》天王《てんのう》」とも呼ばれていた。

神仏習合による祭神は、

中の座　牛頭《ごず》天王《てんのう》
東の座　娑竭羅《さがら》龍王《りゆうおう》
西の座　頗梨采女《はりうねめ》（龍王の大三女）

とされていたものである。

牛頭天王は中国の辟邪神天刑星《てんぎようせい》の属性をもっていた。天刑星とは道教の神で、疫神をとってくうと信じられていたから、怨霊退散、疫病の災厄除去を祈るには、そのような道教の神とも結びついたのである。

そのような仏教思想や道教との付会について幕末の国学者平田篤胤（一七七六～一八四三）は『牛頭天王暦神弁』にて、世に素戔嗚尊を牛頭天王と称し、また天道神といい、櫛稲田姫を歳徳神とし、『備後国風土記』の八柱の子を八将軍と号《なづ》け、それを暦神と称したのも吉備真備（六九三〜七七五）のしたところで、そのために世を惑わす妄言、妖説がさまざま起こったが、すべて無稽であることを論じた。（以上、八坂神社編『八坂神社』）

「スサノオを牛頭天王としたのは、吉備真備である。また『備後国風土記』が載せる八柱の子を八将軍と号けたのも吉備真備である」と言ったのは平田篤胤に相違ないが、『八坂神社』が述べているのとは幾分異なる。平田篤胤は、「祇園の神は日本の神話に語られているスサノヲのミコトである」とは言っていない。『八坂神社』の言い立てとは逆に、「スサノオを牛頭天王にしたのは吉備真備である。牛頭天王は元来、祇園精舎の守護神である。（今、祇園社のある場所を）祇園と呼んでいるのはスサノオを牛頭天王と云うようになったからで、天竺の祇園に擬したものである」と述べているのである。

須佐之男尊を牛頭天王と為したるは吉備公の所為なること著名《あきらか》なり。（中略）牛頭天王の号は天竺の神の名にて、祇園精舎の守護神なり。素戔嗚尊を牛頭天王と号せる故に、其の在所をも祇園と号す。天竺の祇園を表せるなり。

素戔嗚尊を牛頭天王天道神とし、南海神之女子と有るを頗梨采女歳徳神とし、八柱子と有るを八将軍とし、将来二人を天徳神、金神などに配《あわせ》て暦神と為し。（以上『牛頭天王暦神弁』）

一方で『八坂神社』は、「八柱の子を八将軍と号《なづ》け、それを暦神と称した」とする吉備真備の妄言、妖説を「祇園社（八坂神社）現在地発祥説」の根拠として、巧みに利用している。

華頂山の頂には将軍塚があり、将軍塚の南の菊渓川をはさんで小さな頂を持つ山があり、古老の伝えるところによれば、この山は「天神山」とよばれ、ここが「祇園天神」降臨の地と想定される。

（『八坂神社』）

華頂山頂「（八）将軍塚」の南にある「（武塔）天神山」を、「祇園天神」降臨の地としているのである。「天神」とは、天野信景の『牛頭天王弁』に「天神乃《すなわち》武塔天神也」とあるように、「武塔（答）天神」のことである。「祇園」を使用する場合は、『神道集』に見られるように、「（大）明神」である。したがって「祇園天神」という言葉は、「武塔天神」と「祇園明神」を合成して『八坂神社』が作った「八坂語」である。

また、『廿二社本縁』や『二十二社註式』が載せる、「祇園感神院は、播磨の広峰から遷座したものである」との説をも、「広峰社が一方的に云い出したこと」としている。

祇園社事　此云感神院。播磨ノ広峰ヨリ遷坐ス。

（『廿二社本縁』）

昔常住寺十禅円如大法師。依託宣。第五十六代清和天皇貞観十八年（八七六）奉移山城国愛宕郡八坂郷樹下。（後略）

（『二十二社註式』）

播磨国広峰社を祇園の本社とする説は、鎌倉時代に広峰社が祇園執行の知行するところとなってのちに、広峰社の側で主張し始めたものであろう。

（『八坂神社』）

そのくせ、同じ『二十二社註式』が述べる左記については、牽強付会して取り入れている。

人皇六十一代朱雀院承平五年（九三五）六月十三日官符云。応以観慶寺《かんぎょうじ》為定額寺事〔字祇園寺〕。在山城国愛宕郡八坂郷地一町。檜皮葺三間堂一宇〔在庇四面〕。檜皮葺三間礼堂一宇〔在庇四面〕。安置薬師像一躰。脇士菩薩像二躰。観音像一躰。二王毘頭盧一躰。大般若経一部六百巻。神殿五間檜皮葺一宇。天神婆利女。八王子。五間檜皮葺礼堂一宇。（後略）

（『二十二社註式』）

『二十二社註式』に引く、承平五年（九三五）六月十三日の官符に八坂観慶寺に注して「字祇園寺」といい、この寺は山城国愛宕郡八坂郷地にあって、建物として檜皮葺三間の堂一宇、同じく檜皮三間の礼堂一宇、それに神殿として五間の檜皮葺一宇があげられている。本堂には薬師像一体、脇士菩薩二体、観音像一体、二王毘頭盧一体、大般若経一部六百巻を安置し、神殿に天神・婆利女・八王子を祀っており、その祭神、また祇園寺と称することからみて、祇園社のこととみられる。

（『八坂神社』）

定額寺（国家指定の寺院）となった観慶寺の字《あざな》を祇園寺と称したのは、観慶寺の神殿に「（武塔）天神・婆利（采）女・八王子」が祀ってあったからである。明治維新までの祇園社は、今のように独立した神社（八坂神社）ではなく、寺院（観慶寺・感神院）に属していた。観慶寺と感神院の関係は不明だが、いずれも牛頭天王を本尊とする寺院であった。したがって、『八坂神社』の云うように、「祇園寺と称することから祇園社のこと」であるはずはない。
都合のいい部分だけを切り取り、意に添わない箇所は否定したり無視して組み上げた「八坂神社現在地発祥説」は、「広峰社を祇園の本社とする説」を否定するためだけの屁理屈であり、根拠がないといわざるを得ない。

神祇官事務局達

『釈日本紀』以来、ひさびさに『二十二社註式』に登場した「進雄尊《スサノオノミコト》」だが、いかにも影が薄い。「牛頭天皇　号大政所、進雄尊垂迹」とあるように、本地（祭神）は牛頭天王であり、スサノオは、所詮、垂迹仏である。だから明治維新までは、「感神院」の別当が祇園社をも含む全体の代表であり、神主はその配下であった。本殿に祀られてあったのは、牛頭天王一族であったことは、『八坂神社』も述べる通りである。付帯して飾られてあったのも、神具ではなく仏具であり、祝詞も僧侶が読んでいた。だからこそ、神仏習合を禁止した「神祇官事務局達」は、仏教的なものの排除命令を出さねばならなかったのである。

仏像ヲ以《もつて》神体ト致候《いたしそうろう》神社ハ、以来相改《あいあらため》可申候事《もうすべきそうろうこと》、
附《つけたり》、本地抔《など》と唱へ、仏像ヲ社前ニ掛《かけ》、或《あるい》ハ鰐口、梵鐘、仏具等之類差置候分《とうのたぐいをさしおきそうろうぶん》ハ、早々取除《そうそうにとりのぞ》キ可申《もうすべき》事、
（「神祇官事務局達」）

創建時期を旧く見せるため、記述を遡らせる寺伝社伝の類を除けば、「牛頭天王（武塔神）＝スサノヲ」と記す史料は、案外少ない。『釈日本紀』（十三〜四世紀）が最初であり、『二十二社註式』（十五世紀）、『牛頭天王弁』『播磨鑑』（以上

十八世紀)くらいである。

『釈日本紀』以来、両者を習合する伝説は命脈を保ち続けていたとは思う。しかしどちらかといえば、筐底深くしまわれ、表に出られる状態ではなかったようである。『二十二社註式』を見ても表に出ているのは牛頭天王であり、スサノオノミコト(進雄尊)はかろうじて存在するだけである。そんな「スサノオ」を表舞台に引っ張り出したのは、江戸中期頃から盛んとなった、国学の流行によってである。

それまでの日本では、儒教や仏教等、外国からもたらされた学問や文化の研究が中心であった。こういった姿勢を批判し、日本独自の文化や精神を見出そうとしたのが国学である。賀茂真淵(一六九七～一七六九)や門人の本居宣長(一七三〇～一八〇一)等によって一応の完成を見たとされる。これが宣長の没後弟子・平田篤胤(一七七六～一八四三)によって復古神道として大成された。儒教や仏教伝来以前の日本固有の精神に立ち返ろうという思想である。これが幕末の尊皇攘夷思想・討幕運動へ多大な影響を与えた。とりわけ明治維新の立役者となった長州藩ではこれを受けて、激烈な淫祠《いんし》論争が行われた。

幕末の長州藩では、天保十三年(一八四二)から村田清風等によって藩政改革が始まった。その一環として「淫祠解《とき》除《のけ》」と称する淫祠破却が強行された。淫祠とは、国学者の近藤芳樹の主張に基づくものであり、「元禄年間に作られた台帳に載らない、或いは由来のはっきりしない社や祠」のことである。具体的には「(延喜式)神名帳ニ載ラレザルヲ淫祀」とした。これに対し、国学者の岩政信比古は『淫祀《(ママ)》論評』で反論した。

延喜式ノ神名帳ニノリタル三千一百三十二座ハ天下ノ想神社ノ員ニハアラズ。是ハ祈年祭ノ奉幣ノ目録也。祈年祭ニ預リ玉ハヌ神ハ大社ト云ヘドモ神名帳ニモレ玉ヘリ。伊勢ノ瀧原並宮、志摩国ノ伊雑宮、コレラハ大神宮式ニ載ラレタル大宮ナレドモ、神名帳ニハモレ玉ヘリ。又伊勢ノ風ノ社ナドハ大神宮式ニモモレ玉ヘリ。サテハ山城国石清水八幡宮、大原野神、吉田神、備前吉備津宮、其外諸国ニイクラモアリ。内裏ノ内ニテモ内膳司ノ忌火神、庭火神、造酒司ノ大刀自、小刀自神ノ類限アル神ナレドモ、祈年祭ニ預リ玉ハネバ神名帳ニハモレ玉ヘリ。

「神名帳ニ載ラレザルヲ淫祀ト御定ナサレ候」是嘗テナキ事也。国史ノ中ニ神名帳ニ載ラレザル社ノアル事ハ右ニ申ス如シ。又出雲風土記ニ合神社三百九十九所ノ内百八十四所、在神祇官帳二百十五所、不在神祇官トアリテ郡々ニソノ社号ヲ載ラレタリ。右ニ百十五ケ所ハ私ニ祭レル社ナリ。然レドモ奏覧ノ風土記ニ載ラレタリ。コレニテモ式外ヲバ淫祀トシテ禁ゼラレタル事ナキヲ知ルベシ。其余ノ国ハ風土記失タレバ知ラレネドモ、何ノ国ニモ私ニ祭レル社ノ多カリケン事オシテ知ベシ。

別シテ此安芸、周防、長門ノ如キ式内ノ社ノ少キ国ニハ、私祭ノ社多カルベキ理ナリ。又大神宮儀式帳云、未官帳田社事右神社倭比売命乃御時仁祝比井ニ御刀代田充奉也未祝乃淫不免仍号田社昌弓供奉。コレモ倭比売ノ御世ヨリ祭レル社ニモ官帳ニ載リ玉ハヌハ在シ也。

（以上『淫祀論評』）

しかしながら岩政は、淫祠の破却政策自体に反対していたわけではない。「淫祀ヲ禁ゼラルルハヨケレ共《ども》、此御世ニ至テ愈々益々仏ニ迷ヒ玉フ事甚シク、空海最澄等ガ譎詐ニヨリテ神仏ヲ混ジ乱リシ事、多キハ何ゾヤ」とし、また「今のような時世になっても、まだ仏教による世の混乱が続いているのは、空海や最澄の偽りの行為が元となっているのである。彼等が神仏をごちゃ混ぜに乱したからだ」と、平田篤胤の影響を受けての神仏混淆批判をしている。

その結果、過激な尊皇思想に基づく討幕運動が進められた。慶応四年(一八六八)一月三日から始まった戊辰戦争の帰趨がはっきりした三月十三日(五箇条の誓文公布前日)、維新政府は「太政官布告」で、王政復古、神武創業の祭政一致への復帰を宣言したのである。

此度　王政復古神武創業ノ始ニ被為基、諸事御一新祭政一致之御制度ニ御回復被遊候ニ付テ、先ハ第一、神祇官御再興御造立ノ上、追追諸祭奠モ可被為興儀、被仰出候、依テ此旨五畿七道諸国に布告シ、往古ニ立帰リ、諸家執奏配下之儀ハ被止、普ク天下之諸神社、神主、禰宜、祝、神部ニ至迄、向後右神祇官附属ニ被仰渡間、官位ヲ初、諸事万端、同官へ願立候様可相心得候事、

但尚追追諸社御取調、并諸祭奠ノ儀モ可被仰出候得共、差向急務ノ儀有之候者ハ、可訴出候事、

(「太政官布告」慶応四年〈一八六八〉三月十三日)

右の布告が出された僅か四日後、再興されたばかりの神祇官事務局の手により、「別当、社僧の強制復飾(還俗)通達」(同年三月十七日)が出された。

江戸時代までの神社は一部を除き、本地垂迹説に基づき、寺院が支配していたことは、先に述べた通りである。したがって神社を代表するのは神主(禰宜等)ではなく僧侶(別当等)であったのも当然である。

そんな慣習にとどめを刺したのが、冒頭に紹介した「神祇官事務局達」(同年三月二十八日)であり、「太政官達」(同年閏四月四日)である。

「神祇官事務局達」は、〇〇権現や牛頭天王など、神号を仏語で唱えることに対する不快感と、神社から仏教的なものの排斥を命じた。ここに牛頭天王は「テンノウ」という響きも災いして、名指しで非難されることとなったのである。

「太政官達」では、それまで当たり前に行われていた神仏混淆（習合）の禁止と僧侶の還俗・神主への転換を命じた。

今般諸国大小之神社ニオイテ神仏混淆之儀ハ御禁止ニ相成候ニ付、別当社僧之輩ハ、還俗ノ上、神主社人等之称号ニ相転、神道ヲ以勤仕可致候、若亦無処差支有之、且ハ仏教信仰ニテ還俗之儀不得心之輩ハ、神勤相止、立退可申候事、

但還俗之者ハ、僧位僧官返上勿論ニ候、官位之儀ハ追テ御沙汰可有之候間、当今之処、衣服ハ風折烏帽子浄衣白差貫着用勤仕可致候事、

是迄神職相勤居候者ト、席順之儀ハ、夫々伺出可申候、其上御取調ニテ、御沙汰可有之候事、

（「太政官達」慶応四年閏四月四日）

短期間に次々と出された布告や通達は、この国の人々がもっていた宗教観・生活感を根底から覆《くつがえ》した。仏教伝来以来、千年以上の長きにわたって培われた神仏混淆（習合）思想に基づく伝統も、一夜にして神道重視の政策へ転換されることとなった。

繰り返しになるが、神社には僧侶身分（別当・社僧等）と神職身分（社司・神主・禰宜・社人等）があったが、僧侶を上位、神職を下位に置くのが通例であった。ところが、国学や神道が盛んになってくると、神職身分の者が不平を抱く

ようになった。尊皇思想による討幕勢力が強くなるにつれ、神職たちの気持ちはそれまでになく高まった。

そんなときに出されたのが、「神祇官事務局達」である。神職たちは僧侶支配脱却の好機到来とばかり、私憤も交え一斉に報復を始めた。新政府の威光をかさに廃仏毀釈を行ったのも、僧侶に対する神職たちの積年の思いが増幅させたのである。

全国で廃仏毀釈が行われ、犠牲第一号となったのが、比叡山延暦寺の鎮守・日吉山王社である。比叡山の神、「日《ひ》吉大神《よしのおおかみ》」は延暦寺が創建される以前から存在した比叡山を神体とする神であった。これを延暦寺の鎮守にしたのは、最澄である。

伝教大師最澄は、唐の「天台山国清寺」で修行し、日本へ天台宗を伝えたことはよく知られている。その国清寺では守護神として「山王元弼真君《さんのうげんひつしんくん》」を祀っていた。最澄はそれを真似て、「日吉大神」を「延暦寺」の守護神に改めた。以来「日吉大神」を「山王権現」とも称するようになった。「権現」とは、本地垂迹説に基づき、日本の神は仏が仮《ば》装《け》た姿（権現）とされる。この言い立てが、「神祇官事務局達」の「某権現或ハ牛頭天王之類」に抵触したからたまらない。不名誉な廃仏毀釈犠牲第一号とされたのである。

消された牛頭天王

慶応四年四月一日、武装した神威隊（神職出身の志士が結成した組織）一行百余人が日吉社へ押しかけ本殿の鍵を渡すよう要求した。三月二十八日に出された「神祇官事務局達」を受けての行動とされる。しかしながら、手続き的にも「通達」は、未だ比叡山には届いていなかった。何の前触れもなく突然訪れた闖入者に、比叡山の方では戸惑いを隠せなかった。

当然要求を拒否したところ、押しかけた一行は実力行使にでた。神殿に上り鍵を壊し、神体として安置されてあった仏像・仏具を放り出し、破壊し積み上げて火を付けた。さらには「真榊《まさかき》」と称するものを持ち込み、新しく神体とした。

日吉社は本殿以下七社からなっているが、総てに対して同様の破壊行為がなされた。公式に報告されただけでも、焼き捨てられた仏像・仏具・教典は一二〇四点。ほかに金具類四八点が強奪されたとされる。こうして日吉山王社は延暦寺支配を断ち切り、強引に独立したのである。

興福寺では社僧が全員還俗し、春日大社へ移ったため、廃寺となるところであった。五重塔が二五円で民間に払い下げられたのもこのときである（明治四年）。購入者は金具を取るために焼却するつもりであったが、類焼を恐れた近隣の反対にあい、かろうじて残った。

石清水八幡宮は、八幡大菩薩（仏）を八幡大神（神）に改め、神社として存続を許された。それに伴い神前に供える供物も精進から魚介に改めた。社僧は復飾して神職となった。

他でもさまざまなトラブルはあったが、多くの寺社は神仏分離をすることによって、存続を赦された。ところが一人、牛頭天王だけは存続どころか存在そのものを否定されることとなった。維新政府が正式には「天子」や「帝《みかど》」、私的には「御所《ごっ》さん《さん》」「玉《ぎょく》」と呼んでいた人を、「天皇」と呼ばせることに決めたため、牛頭天王は天皇の名を僭称する不敬の輩へと転落させられたからである。

これに伴い、牛頭天王を本尊とする祇園社や天王社は、全て「スサノオ」を神体とする神社へと改称させられた。京都の「祇園感神院」（感神院祇園社）は、寺院はすべて取り壊されて円山公園にされ、祇園社部分だけを「八坂神社」と改称した。

京都の祇園社とは別の伝承、九州の対馬から直接移って来たとされる愛知の「津島牛頭天王社」（津島天王社）も、「津島神社」へ改称した。両社とも主神を牛頭天王からスサノオへ変更させられたことはいうまでもない。

したがって現在では、両社とも牛頭天王をしのばせるものは何もない。それでも、末社や摂社の中に残影を見出せることはある。八坂神社（祇園社）の末社のうちでも、蘇民将来を祀る「疫神社」はすぐにそれとわかる。しかし、スサノオノミコトの荒御魂《あらみたま》を祀る「悪王子社」はなかなか気づかない。悪とは強力の意味であり、もとは東洞院通りの悪王子町にあったとされるから、牛頭天王自体であった可能性は高い。

津島神社（津島天王社）の参道は「天王通」という。もともとの名前「牛頭天王社」に由来する。ほかにもスサノオノミコトの荒御魂を祀る「荒御魂社」がある。もとは八岐大蛇《やまたのおろち》の霊を祀る「蛇毒神社」と称していたというから、牛頭天王の八人の子供（八王子）のうち、「蛇毒気神」を祀っていたものと思える。蛇毒の名称から八岐大蛇に付会した様子が類推できる。

「和御魂社《にぎみたま》」は、荒御魂に対する和御魂を祀る社だが、元は「蘇民（将来）社」であった。またスサノオの幸御魂《さちみたま》を祀るとされる「居森社」は、牛頭天王が最初に足跡を記した場所であるとの伝承をもつ。

牛頭天王を抹消せんがために、スサノオ神話に吸収消化された後でもこの程度の漏れは見つかる。現在も天理市にある「天皇神社」も漏れ残ったうちの一つである。一見、万世一系の天皇を祀っているような名称だが、元来、牛頭天王を祭神としていた神社である。

天理市教育委員会は旧村社として左記のように説明する。

天皇神社（本殿　重要文化財）　天理市教育委員会

旧備前庄の鎮守で、天皇とは牛頭天王の意味で素盞嗚尊を祀っている。文永九年（一二七二）の創祀と伝えられ、今の本殿は周防国上野寺の住侶頼秀が諸国巡歴中、本社に参拝し、社殿の荒廃を悲しみ、応永三年（一三九六）六月自ら願主となって、藤井一家の大工を催促して造立したもので、その棟札が残されている。（後略）

「天皇とは牛頭天王の意味で素戔嗚尊を祀っている」とは、正直だが、一般には理解しにくい。かといって、「牛頭天王を抹殺するために主神を変えた」とも書きにくかったのだろう。読み流されることが前提の説明である。ゆえに詳細に読むと疑問が残る。そうではあるが、牛頭天王の名を残す天皇神社はましな方である。牛頭天皇をスサノオに変えたことには一切触れず、もとからスサノオであったかのような説明をしているものがほとんどである。

また参拝する人も牛頭天王とスサノオの違いを詮索する人など滅多にいない。

八百万もの神様がいるこの国では、牛頭天王の一人や二人どうでもいいというのが本音であり、多くは今書かれてある祭神を信じるだけである。祇園祭や天王祭、あるいは天王通り等は、○○神社の祭りなり参道なりをそう呼ぶんだろう程度の認識しかない。

したがって現在の牛頭天王は、『八坂神社』のいうように、「祇園の神は日本の神話に語られているスサノヲのミコトである」状態となっている。

そうしたことへのご褒美が「近代社格制度」に基づく官幣大社（八坂神社）であり、国幣小社（津島神社）であった。昭和二十一年（一九四六）二月、同制度が廃止された後は、両社とも（昭和二十三年）に新定された別表神社に列せられている。

牛頭天王関係史料一覧（遡って書かれた寺伝社伝等は除く）

No.	西暦	和暦	名称	比定	史料	主神
①	七一〇～	和銅三～	疫隈の国つ社	素盞嗚神社 （福山市新市町）	備後国風土記逸文	武塔神 ＝速須佐雄
②	七二〇頃	養老四頃			日本書紀　一書	素戔嗚尊
③	七八四～	延暦三～			蘇民将来　木簡	
④	一〇九四～	寛治八～	感神院	八坂神社	扶桑略記	（武塔）天神
⑤	一一五〇～	久安六～	感神院	八坂神社	本朝世紀	牛頭天皇
⑥	一一七五～	安元元年～	津嶋	津島神社	七ツ寺蔵一切経	
⑦	一一八八	文治四年	津嶋社	津島神社	訴訟文書	
⑧	一二七四～ 一三七一	文永一一～ 応安三年	疫隈の国つ社	素盞嗚神社 （福山市新市町）	釈日本紀（備後国風 土記を記載）	武塔神 ＝速須佐雄
⑨	一三〇八～	延慶元年～	祇園感神院	八坂神社	廿二社本縁	牛頭天王
⑩	～一三三三	鎌倉末	天神垂迹	八坂神社	社家条々記録	薬師千手等＝（武塔） 天神
⑪	一三三一～ 一三九二	南北朝期	広峰山麓	広峰神社	峰相記	牛頭天王
⑫	一三三一～ 一三九二	南北朝期	祇園大明神	八坂神社	神道集	祇園大明神 ＝牛頭天王 ＝武答天神 ＝（男体）薬師如来 （女体）十一面観音

⑬	十四世紀	南北～室町			簠簋内伝	商貴帝 ＝諸星探題 ＝牛頭天王 ＝毘盧舎那仏
⑭	十四世紀	室町期	祇園	八坂神社	伊呂波字類抄	牛頭天王 ＝武答天神
⑮	十四～	室町期	神院祇園社新坊	八坂神社	祇園牛頭天王御縁起	牛頭天王 ＝武塔天皇の子供
⑯	一二四〇～ 一三五七	延応二～ 延文二年	天王	津島神社	鉄灯籠銘文	（牛頭）天王
⑰	一四〇三	応永十年	津島牛頭天王	津島神社	梵鐘銘文	牛頭天王
⑱	一四六九	文明元年	祇園社	八坂神社	二十二社註式	牛頭天王 ＝大政所 ＝進雄命
⑲	一四八〇	文明十二年	信濃国分寺	信濃国分寺	牛頭天王之祭文	牛頭天王 武塔天神は別人
⑳	一七〇四	宝永元年	感神院祇園社	八坂神社	牛頭天王弁	牛頭天王 ＝武塔天神 ＝素戔嗚尊 ＝天道神 ＝泰山府君
㉑	一七一六～	享保年間頃	牛頭天王	広峰神社	播磨鑑	素戔嗚尊 ＝新羅国明 ＝牛頭天王
㉒	一八二三	文政六年	祇園社	八坂神社	牛頭天王暦神弁	牛頭天王

①『備後国風土記』逸文（『釈日本紀』巻七収録）

（本文中に記載）

②『日本書紀』一書

（本文中に記載）

③『蘇民将来』木簡（二〇〇一年四月、長岡京〈七八四～七九四〉発掘現場より出土）

蘇民将来之子孫者…

④『扶桑略記』

（延久二年〈一〇七〇〉）十月十四日辛未。戌時。感神院大廻廊、舞殿、鐘楼、皆悉焼亡。但、天神御躰奉取出之。別当安誉身焦余焔翌日入滅。世人以為神罰。（十一月）十八日乙巳。以官使検録感神院。八王子四躰。幷蛇毒気神大将軍御躰焼失実否。

⑤『本朝世紀』

久安四年（一一四八）三月廿九日丁亥。未剋。火自三条末河原辺小屋出来。焼失数百烟。延焼祇園宝殿。幷三面廻廊。舞殿。南門。尤足驚歎。寺僧讒奉出御躰。安置南門外云々。依此事。今夜難可有仗議。諸卿於（中略）

延久二年（一〇七〇）十月十四日。寺家別当安誉雇鍛冶令作釘之間。火出来焼失宝殿。幷飲舎屋。牛頭天皇御足焼損。蛇毒気神焼失了。今度奉出御躰。尤可謂希。世之所疑者。去年六月十五日。於彼社頭有闘戦事。回兹天台僧徒于今懐憤懣之所致歟。今年自春以来。炎上連々。遂有此事。尤可恐事歟。入夜。又仁和寺々辺有焼亡云々。

⑥名古屋市大須七ツ寺蔵国宝『一切経』（津島神社公式ホームページ記載）

奉預　勧請守護権現

伊勢内外梵尊五所牟山白山妙理熊野三所山王三聖鎮守三所多度津嶋南宮千代
大行司　熱田大明神　八劔大明神

⑦『東鑑』（文治四年〈一一八八〉）所収　訴訟文書（津島神社公式ホームページ記載）
修理太夫家
尾張国津嶋社板垣冠者不弁所当之事

⑧『釈日本紀』巻七（①『備後国風土記』逸文を記載）
（本文中に記載）

⑨『廿二社本縁』
祇園社事　此云感神院。播磨ノ広峰ヨリ遷坐ス。牛頭天皇ト号也。圓融院（在位九六九～九八四）御時ヨリ祭礼ニ預給ウ。白河院（在位一〇七二～一〇八六）御時寵幸ノ人アリキ。時ノ人祇園ノ女御ト号ス。此人帰依ニヨリテ白河院此社ヲ興隆シ給。其後ヨリ行幸モアリ。又院中ヨリ十烈ヲ被献。已ニ流例也。已上

⑩『社家条々記録』（八坂神社編『八坂神社』所収）
当社（祇園社）草創根元者貞観十八年（八七六）南都円如上人始而建立、
別記云　貞観十八年、南都円如先建立堂宇、奉安置薬師千手等像、則今年夏六月十四日、天神東山之麓祇園林ニ令垂跡御座、

⑪『峰相記』
（本文中に記載）

⑫『神道集』（巻第三「祇園大明神事」）

（本文中に記載）

⑬
『簠簋内伝』

北天竺摩訶陀国霊鷲山《まかだこくりょうじゅせん》艮《うしとら》、波尸那城《はしなじょう》ノ西、吉祥天ノ源《もと》、王舎城ノ大主ヲ名ヅケテ商貴帝ト号ス。曾《むかし》ハ帝釈天ニ仕エテ善現天ニ居シテ三界ノ内ニ遊戯セシム。諸星探題ヲ蒙テ、名ヅケテ天刑星ト号ス。今、娑婆世界ニ下生シメ、改メテ牛頭天王ト号ス〔毘盧舎那化身〕頭載黄牛面。両角尖如夜叉。（後略）

⑭
『十巻本　伊呂波字類抄』「諸社　祇園」

延久二年庚戌（一〇七〇）十月十四日焼亡、但し天神御躰奉扶出畢。別当安誉焦焰翌日入滅。世人以為神罰。四年三月二十六日ー始有後三条院行幸。牛頭天王目縁自天竺北方有国其名曰九相。其中有国名曰吉祥。其国中有城。其城有王牛頭天王又曰武答天神云。其父名曰東王父天母名曰西王母天。是ニ中所生曰子名曰武答天神。此神王沙渇羅龍王女名曰薩迦陁。此為后生八王子。従神八万四千六百五十四神也。

為利生　誕生也。々々々昔常住寺十禅師円如有詫宣。貞観十八年（八七六）奉移八坂郷樹下。其後朕宣公感威験懐蓮台数宇建立精舎（後略）

⑮
『祇園牛頭天王御縁起』（川村湊『牛頭天王と蘇民将来伝説』所収）
その（牛頭天王）濫觴を尋《たづぬる》に、須弥山の半腹に国あり。豊饒とゆふ。其国の王を名づけて武答天皇と申す。一人太子御座《ござる》。七歳にして其たけ七尺五寸あり。頂に三尺の牛頭あり。又三尺のあかき角あり。父天皇、奇代の太子を生物《うむもの》かなと思給《おもいたまい》て、大王の位をさりて、太子にゆづり給《たもう》。其御名を牛頭天王と号し奉る。（中略）大海中しゃかつ龍王の娘（中略）第三は婆利采女也。（中略）（牛頭天王は）婆利采女の宮に入て八ヶ年を送り給ふ間に、八人の王子を誕生す。七男一女也。
（後略）

⑯津島神社蔵　鉄灯籠銘文（津島神社公式ホームページ記載）

「天王御宝前」「延□二年六月十五日」

（註）延□二年……延応二年（一二四〇）、延慶二年（一三〇九）、延元二年（一三三七）

延文二年（一三五七）

⑰津島神社蔵　梵鐘銘文（津島神社公式ホームページ記載）

「尾張国海西郡津島牛頭天王鐘」

⑱『二十二社註式』

牛頭天皇。初垂迹於播磨明石浦。移広峰。其後移北白河東光寺。其後人皇五十七代陽成院元慶年中（八七七〜八八五）移感神院（託宣曰。我天竺祇園精舎守護神云々。故号祇園社）

（中略）

人皇六十一代朱雀院承平五年（九三五）六月十三日官符云。応以観慶寺《かんぎょうじ》為定額寺事。〔字祇園寺〕在山城国愛宕郡八坂郷地一町。（中略）安置薬師像一躰。脇士菩薩像二躰。観音像一躰。（中略）神殿五間檜皮葺一宇。天神婆利女。八王子。（中略）

昔常住寺十禅師円如大法師。依託宣。第五十六代清和天皇貞観十八年（八七六）奉移山城国愛宕郡八坂郷樹下。（後略）

⑲信濃国分寺蔵『牛頭天王之祭文』

維当来年次吉日良辰撰定《これまさにきたるとしなみきちじつりようしんをえらびさだめ》　カケ□□□□□《（カタジケ）》ナクモ　牛頭天王　武答天神　婆梨妻女　八王子　奉請白言《ぶじようしてもうしていわく》

急散共上酒《いそぎじようしゆをさんぐし》　再拝再拝《さいはいさいはいす》（後略）

⑳『牛頭天王弁』

牛頭天王〔承平官符称、天神乃武塔天神也、巫視為素戔烏尊、陰陽家為天道神、為泰山府君〕出仏説秘密心点如意蔵王陀羅尼経。〔義浄三蔵所訳也〕凡天王有十種反身。曰武答天神。曰牛頭天王。曰鳩魔羅天王。曰蛇毒気神。曰摩那天王。曰都藍天王。曰梵王。曰玉女。曰薬宝明王。曰疫病神王。

㉑『播磨鑑』
（本文中に記載）

㉒『牛頭天王暦神弁』（牛頭天王と須佐の雄は別のもの）
（本文中に記載）

【参考文献】

『絵本　花の緑』　石川豊信画、三冊。宝暦十三年（一七六三）刊。国立国会図書館ほか蔵。

「神祇官事務局達」　慶応三年（一八六七）十二月に発せられた「王政復古の大号令」に基づき、翌慶応四年一月に神祇事務科を筆頭科に置く七事務科を設置する。続いて二月には、事務科を事務局へ再編。神祇科は神祇事務局となる。三月十三日には、「太政官再興宣言」が発せられた。これに基づき、神祇事務局は神祇官事務局となる。そして三月二十八日付で発したのが、「神祇官事務局達」であり、神仏分離令である。これによって、以降神仏混淆の禁止と廃仏毀釈が始まるのである。

『神道集』　前出

『備後国風土記』逸文　前出

『本朝世紀』　平安時代末期、鳥羽上皇の命により「六国史」の後継史書として久安六年（一一五〇）頃から編纂された。二十巻以上あったとされるが殆ど散逸して不明。『新訂増補国史大系』所収。

『扶桑略記』　平安時代後期の堀河天皇の時代に比叡山功徳院の僧・皇円編纂とされるが、異説もある。神武天皇より堀河天皇の寛治八年（一〇九四）までについて書かれた歴史書。全三十巻だが殆ど散逸しているが、引用書の中に今日伝わらないものもあるため貴重。『新訂増補国史大系』所収。

『十巻本　伊呂波字類抄』　前出

『日本書紀　一書』　養老四年（七二〇）頃書かれた『日本書紀』の異本。流布本と異なることが書かれてあることが多い。

『播磨鑑』　播磨国の医師・平野庸脩作、播磨地誌の手稿本。宝暦十二年（一七六二）頃著作とするが、それ以降も書き継がれたらしく実際の完成時期は不明。祇園本社たる広峰社社伝ほかを載せる。明治四十二年（一九〇九）刊。

『峰相記』　著者不詳、南北朝期（一三三一～九二）に書かれた歴史や民間信仰等を納めた書。『続群書類従』所収ほか、国立国会図書館デジタルコレクション蔵。

『牛頭天王暦神弁』　前出

『淫祀論評』　岩政信比古著。長州藩士村田清風らが始めた「淫祠解除《ときのけ》」に対する反論を述べた書。山口県文書館所蔵写本（原本不明）による。国文学研究資料館目録では「淫祠」となっているが間違い。

「太政官布告」「太政官達」　明治初期の官制はめまぐるしく変わる。王政復古の大号令以降太政官発足までの概略は左記の通り。

慶応三年（一八六七）十二月　王政復古の大号令。
同　四年　一月　神祇官事務科を筆頭科とする七事務課を置く。
同　　　　二月　事務科を事務局へ再編。神祇科は「神祇事務局」となる。

同　三月　太政官再興宣言。太政官布告や達が発せられるようになる。「布告」と「達《たつし》」の区別は当初厳密ではなかったが、明治六年（一八七三）に、全国へ効力を有するものは「公布《こうふ》」、各庁限りのものは「達」とした。

「津島神社」　愛知県津島市にある津島神社は、明治までは「津島牛頭天王社」と呼ばれており、現在も天王社の総本社といわれる。神社の歴史や所有する文化財等をネット紹介している。

『簠簋《ほき》内伝』　正式には『三国相伝陰陽輨轄簠簋内伝金烏玉兎集』という長い名前を持つ。最後の方にある「金烏」は太陽の中に棲むとも化身とも言われる三本足の烏。「玉兎」は月に棲む兎のこと。両者で日月を表し、その動きによって占う陰陽道の秘伝書。安倍晴明（母親が狐＝説経節・浄瑠璃・歌舞伎『信太妻』のモデル。土御門家の祖）撰とされるが、実際には晴明没後に作られたもの。成立年代についても諸説ある、なんともいかがわしい書。

『牛頭天王と蘇民将来伝説』　川村湊著、平成十九年（二〇〇七）、作品社刊。

『牛頭天王之祭文』　室町時代の文明十二年（一四八〇）に書写されたもの。紀年を記したものとしては最古と言われ、上田市文化財に指定。上田市立信濃国分寺資料館蔵。

大変身した伊勢神宮
―明治の造り替え―

伊勢神宮と登由宇気神

神社建築の特色は、建立年代の新しいものであっても、古い形式が維持されることが多いとは、よく言われる。なかでも伊勢神宮は千年以上にわたり同じ形式が受け継がれていると。果たしてそうであろうか。

一般論だが、神社に限らず寺院も含め、時の為政者の信仰を集めたりすると、より立派に改変されたりするのが常である。半面、支配者が変わったりすれば、積極的に廃するか朽ちるに任せるままに捨ておかれたりする。とりわけ明治維新時に行われた神仏混淆禁止に伴う廃仏毀釈は、この国の宗教観を根底から覆した。東大寺の大仏を造立させたのが聖武天皇であるように、天皇は代々熱心な仏教徒であった。そんな天皇を仏教から引き剝がし、国家神道の親玉に仕立て上げ、これに基づき各神社に序列を設けたりした。つまり天皇に近しい神社はより立派に造替改変されたりした。過去の痕跡を残さないほど徹底的に改変された。その代表が伊勢神宮である。

近世初頭から幕末にかけての伊勢参宮を支え勧めたのは、「御司《おんし》」と呼ばれた宿坊経営者たちである。全国を廻って庶民に伊勢参宮を宣伝し勧誘した。当時は農民が多かったこともあって、天照大神を祀る皇大神宮（内宮）よりも、五穀豊穣の神である豊受大御神を祀る豊受皇大神宮（外宮）の人気の方が圧倒的であった。その豊受大神を祀る豊受皇大神宮について、明治政府によって編纂が始められた官制百科事典『古事類苑』は、『止由気宮《とゆけぐう》儀式帳』（延暦二十三年〈八〇四〉）に書かれてあることを受けて、左記のように記す。

豊受大神宮は（中略）雄略天皇の朝、皇大神の託宣に由り、丹波国より此に遷し奉る、時に皇大神宮遷坐の後幾ど五百年なり、是より斎宮は亦此宮の祀にも侍し給ひ、朝廷の崇奉殆ど皇大神宮と均しく、遂には二所太神宮と云ひて並べ称し奉り、皇大神宮に奉幣祭祀あるときは、必ず此宮にも於てし、其他皇大神宮に比するに小異あるのみ、

（『古事類苑』）

つまり、豊受大神宮は元来丹波国にあった。ところが雄略天皇の時（倭王武だとしたら五世紀頃）、伊勢国度会郡の皇大神宮の要請により、同じ度会《わたらい》郡に遷座した。これは皇大神宮が同地に居付いてから五百年後のことである。しかしながら、豊受大神は遷座以来、皇大神宮とほぼ同格の扱いを受けることとなり、遂には二所太神宮として並び祀られるようになった。と由来を述べる。

一方、これより先に書かれたはずの『古事記』（和銅五年〈七一二〉）には、何の前触れもなく「登由宇気《とようけ》神、此は外宮の度会に坐す神ぞ」としか書かれてない。

爾《ここ》に天児屋命、布刀玉命、天宇受売命、伊斯許理度売命、玉祖命、併せて五伴緒を支《わか》ち加へて、天降したまひき。是に其の遠岐斯八尺《おきしやさか》の勾璁《まがたま》、鏡、及草那芸《くさなぎの》剣、亦常世思金神、手力男神、天石門別神而、詔者。「此之鏡者、専為㆓我御魂㆒而、吾が前を拝《いつ》くが如く伊都岐《いつき》奉れ。次に思金神は、前の事を取り持ちて、政《まつりごと》せよ」とのりたまひき。（中略）次に登由宇気神、此は外宮の度会に坐す神ぞ。

（『古事記』）

最後にいきなり出てきた「登由宇気神（豊受神）」だが、『古事記』が書かれた頃には、皇大神の住む度会郡に住んでいた。しかし、一般には知られていなかったのであろうか。「登由宇気神、此は坐㆓外宮之度相㆒神者也」とわざわざ説明しなければならなかったようである。そうでありながら、「外宮の度会」と表現しているのは気になる。当時既に、「内宮」「外宮」と、セット的ないいかたをしていたような書き方だからである。

何故というに、『古事記』よりだいぶ後に編纂された『延喜式神名帳《じんみょうちょう》』（巻九・巻十。延長五年〈九二七〉成立）には、「太神宮（三座）」「度会宮（四座）」の別があるだけで、内宮・外宮とは書かれていない。

豊受大神は元来丹波国にいた神だが、皇大神に呼ばれて度会郡に引っ越した神である。もともと別の神格をもっていたはずである。後年「内宮」「外宮」と呼ばれるようになったのには、何らかの力が働いたからであろうが、そのことを示すものは、現在未詳である。ただ『延喜式神名帳』が書かれた当時になっても、それぞれが独立しており、未だ内宮・外宮という言い方をしていなかったとは言える。参考のため、『延喜式神名帳』の該当箇所を示すと左記の通りである。

伊勢太神宮《ヲホシカムノミヤ》

太神宮三座（在度会郡宇治郷五十鈴河上）

天照太神一座

相殿神二坐

禰宜一人（従七位官）大内人四人物忌九人

（童男十人童女八人）父九人　小内人九人

荒祭宮一座〔太神荒魂去太神宮北二十四丈〕

（中略）

度会宮四座〔在度会郡沼木郷山田原去太神官西七里〕

豊受太神一座

相殿神三座

禰宜一人〔従八位官〕

父六人

（『延喜式神名帳』神祇式巻第四）

それでは内宮・外宮と、セット的な言い方をされるようになったのは何時からか。私は、『釈日本紀』（鎌倉時代中期。卜部兼方釈）が書かれた頃と推察する。同書が載せる『備後国風土記』逸文も、『古事記』同様、前触れもなく「吾は速須佐雄《はやすさのを》の神なり。後の世に疫気あらば、汝、蘇民将来の子孫といひて云々」を入れ込んだ。これと同じ方法である。『備後国風土記』逸文には、その時点まで武塔神（後の牛頭天王）と蘇民将来の関係は出るが、素戔嗚尊は全く出てこない。逸文の最後に、唐突に出てきただけだから、文脈的には何の繋がりもないことは『古事記』と同じである。

（武塔の神は）すなはち詔りたまひしく、「吾は速須佐雄の神なり。後の世に疫気あらば、汝、蘇民将来の子孫といひて、茅の輪をもちて腰に着けたる人は免れなむ」と詔りたまひき、

（『備後国風土記』逸文）

この一文と、先ほどの「内宮」「外宮」の表現とは、合い通ずるものがある。しかも、「武塔神」と「蘇民将来」「素

戔嗚尊」の三者がすべて結びつくのは、鎌倉末期から室町初期（十四世紀）にかけて編纂された『十巻本　伊呂波字類抄』や南北朝期（十四世紀）編纂の『神道集』によってである。この両書に『釈日本紀』が載せる『備後国風土記』逸文を加えることによって、「牛頭天王」および「武塔神（天神）」「素戔嗚尊」が同一人であることが、漸く確定する。

天竺より北方に国有り。其の名を九相と曰ふ。其の中に園有り。名を吉祥と曰ふ。其の園中に城有り。其の城に王有り。牛頭天王。又の名を武塔天神と曰ふ。

（『十巻本　伊呂波字類抄』）

抑祇園大明神者世人天王宮ト申。即牛頭天王是也。牛頭天王ハ武答天神王等ノ部類ノ神也。天形星トモ武答天神トモ、牛頭天王トモ崇ル。（中略）御本地ハ男体ハ薬師如来、女体ハ十一面（観音）ト云フ。殊ニ此土ノ衆生ヲ哀ミ利益ヘリ。其利益ト申ハ往昔ノ時、北海ノ婆斯帝ト廻国ノ北陸天王トテ在ス、牛頭天王ト名ヅク。此則吉祥婆利采女武答天王ト申スハ是也。

（『神道集』巻第三「祇園大明神事」）

また『古事記』が書かれたのは、和銅五年だが、現存最古の写本は十四世紀（南朝・建徳二年、北朝・応安四年〈一三七一〉）とされるから、『釈日本紀』より若干遅い。原本が書かれてからだと、六百五十年ほど経っている。その間、何度も筆写される過程で入れられたのであろう。その間に「皇大神宮（天照太神）」を「内宮」とも呼ぶようにしたため、後から呼びよせた「豊受太神」を「外宮」としたのである。あたかも『釈日本紀』が載せる『備後国風土記』逸文に、これも前触れなく「吾は速須佐雄の神なり」としたのと全く同じ手法である。

皇大神宮（内宮）創建について伊勢神宮は、『太神宮諸雑記事』（平安末期撰）に基づき、垂仁天皇二十五年としている。

しかし垂仁天皇は神話的存在であり、実在が否定されている天皇の一人である。無理やり実年代を当てはめるとして、邪馬台国の女王卑弥呼と同じ頃だろうか。参考のため、『古事類苑』が載せる『太神宮諸雑記事』を記すが、伊勢国ではなく大和国に降り立った（神宮創建）とある。

垂仁天皇廿五年丙辰天照太神天降坐於大和国宇陀郡

（『太神宮諸雑記事』）

これに対し、『伊勢神宮の成立』（田村圓澄著）は、持統天皇が孫（文武天皇）に即位させるため、天照大神をもちだし、正統性を求めたとある。そこで伊勢神宮の創建が計られた。同書によると、「伊勢神宮が正式に発足するのは、文武二年（六九八）であるとされる」とある。第一回式年遷宮が行われたとされるのと同年である。こちらが実際の創建年であるとの説は私も同意する。

皇大神宮（伊勢神宮内宮）創建の地は、元来「牛頭天王」の領域であった。だから内宮の周りの家々では、現在に至るまで（牛頭天王＝速《はや》須《す》佐《さの》雄《を》）の護符である「蘇民将来子孫之門」と書かれた札を真ん中へ置いた注連飾りを、一年中、玄関に掲げるのが習わしである。

別当尼寺・慶光院

また、近世における伊勢神宮は、ほかと同様に神仏混淆であり、別当尼寺・慶光院によって護持された。それが事実であることは、仏教徒から神道の親王に宗旨替えさせられた明治天皇が、伊勢神宮護持に功績のあった慶光院の尼僧に対し、感謝の意味を込めて追贈した一事を見ても納得できる。そのことは、浄土真宗利井常見寺二十世・興隆法

師の『祖国を憶ひて』が載す、次の一節を読むとよく現われている。（傍点筆者）

伊勢の内宮外宮は寺が百八十九、尼寺が二十一あって寛文十一年（一六七一）十一月十四日に焼失しました。（中略）山田の奉行桑山下野守はこれらが再建を禁じました。仏教排斥の意味を其処に見ることが出来ます。聖武天皇以来、ずっと密接な関係を持続してきた神仏両道はここに漸く分離の端を発して、やがて明治の初年に神仏分離の令が発せられて、今や全く其の関係は断たれて仕舞ったのであります。（中略）明治三十八年（一九〇五）一月、明治天皇が大神宮に親しく、御参拝遊ばされた時には、四百年已然に当って大神宮の御造営に少からぬ勤労のあった慶光院第一世守悦尼、同第三世清順尼、及び第四世周養尼等の人々にそれぞれ御贈位遊ばされた。

（利井興隆著『祖国を憶ひて』一九一六年）

なお元神宮司庁嘱託の故下西源一氏は、「伊勢の勧進聖と慶光院」という論文で『伊勢神郡仏寺興廃事略』等を引用して、「百八十九寺の内四十七寺は復興せずして絶えたり」と書いている。つまり、百八十九寺全部が廃寺になったのではなく、廃寺になったのは四十七寺だけであると過小評価したがっている。

また慶光院が尼寺であったこともお気に召さないらしく、業績についてはしぶしぶ認めてはいるものの、できるだけ過小評価したい気持ちがありありと出ている。慶光院（臨済宗）は、明治二年（一八六九）に廃寺となるまで伊勢神宮の別当寺として、大変な苦労や努力をしていることを知りながらである。

神宮において造営資金を勧進によって調達したことは、宇治橋および風宮橋にはじまる。氏の岡田郷と皇大神宮との間には五十鈴川が流れている。ゆえに五十鈴川外に住んでいる禰宜以下の神官が祭典奉仕のためにも、また勅使や斎王の御参向のためにも、さらにひろく一般庶民の参拝のためにも、五十鈴川には橋がなければならない。これまで伝うるところによると、宇治橋は永享六年(一四三四)に足利義教がはじめて架設したことになっているが(河崎年代記)、これはおそらく宇治橋が後世見るがごとき堅固な橋になったことをいったもので、その以前においても既に粗末ながら橋のあったことは、(以下、簡単な橋のあったであろうことを、繰返しくどくど述べているだけなので略す。引用者)。

しかるに室町時代以後においては、宇治橋および風宮橋は、洪水のため屢々流失した。(後略)

(下西源一「伊勢の勧進聖と慶光院」『神道史学』三、一九五二年、『民衆宗教史叢書　第十三巻　伊勢信仰Ⅱ』再録)

慶光院(中興)第一世・守悦は、それまで五十鈴川にちゃんとした橋がなかったので、参拝者に限らず禰宜以下神官が不自由しているさまを見て架橋を決意。勧進聖となって諸国を行脚し、延徳三年(一四九一)と永正二年(一五〇五)の二度、宇治橋を造替した。その功績によって、守悦は尼僧ながら「上人《しょうにん》」号と「紫衣《しえ》」を許された。

守悦の後を継いだ二世は名前しか伝わらないが、第三世となる清順は、守悦が造替して以来掛け替えがなされなかったため、経年劣化していた宇治橋を天文十八年(一五四九)に架け替えた。その功により、天文二十年、後奈良天皇から居室に対して「慶光院」の綸旨を貰った。更に永禄六年(一五六三)以来、式年遷宮が行われていなかった豊受大神宮(外宮)の正遷宮を、百二十九年ぶりに実現した。

続いて皇大神宮(内宮)の遷宮にも取りかかるつもりであったが、途中で逝去、第四世・周養に引き継がれた。その間にも皇大神宮の腐朽は進み、いつ倒壊してもおかしくない状態となった。そこでやむなく周養は、とりあえずの措置として仮殿遷宮とすることを決意。天正三年（一五七五）に仮殿遷宮を挙行した。その後天正十三年に、改めて内宮と外宮の同時遷宮を実現した。内宮の正遷宮は、実に百二十三年ぶりであった。

こうしてみると、伊勢神宮が現在まで継承維持できたのは、慶光院の尼僧がいたからであることは明らかである。廃仏毀釈後といえども、仏教徒として生を享け、神仏混淆時代を生きてきた明治天皇にとって、慶光院の業績を無視できなかった由縁である。史上初めて伊勢神宮へ参拝した天皇もまた、明治天皇である。つまり創建者とされる文武天皇をはじめ歴代の天皇は、誰一人伊勢神宮になど行っていないのである。

これほど神宮のために尽力した慶光院を、明治政府はいとも簡単に切り捨てたのである（廃寺後の建物客殿は伊勢神宮が取り込み、祭主職舎として現在も使用中）。「伊勢の勧進聖と慶光院」の執筆者は、慶光院の業績を出来るだけ過少に評価しようと、悪意に満ちた表現で、同論文の「むすび」を締めている。

そもそも慶光院の勧進なるものは、果たしてどの程度まで全国に行きわたって行われたものであろうか。思うに勧進とはいっても、それは清順や周養が直接に民衆に接したものではなく、諸国の武士とか領主とかいう支配層を通じて庶民から遷宮費を徴収してもらったものであろうと思われる。当時群雄割拠、かつ交通不便の時代において、慶光院上人が一々各地の町村をかけ巡り、山坂を跋渉して自ら民衆に勧進するなどということは、到底行われるべくもないからである。

しかしながら、もともと遷宮費の寄進は庶民の手からでたものであり、領主や武士たちは単にそれを取り次いだものなるに過ぎないから、式年遷宮の復興は、民衆によって行われたことになるのである。ここにおいて、我々は神宮が単なる皇室の神宮ではなくして、国民全体の神宮であるとの信仰を、最も明らかに看取し得るのである。この点において永禄、天正の両宮式年遷宮復興は、異議最も深長なるものありといわざるを得ない。

（中略）

要するに勧進は、室町中期以後における天下の大勢である。ゆえにこれを文化史的立場から見ると、慶光院のごときも、まさしく時代によって産み出された一個の存在であったのである。

（「伊勢の勧進聖と慶光院」前掲『伊勢信仰Ⅱ』）

伊勢宇治山田の廃寺状況

伊勢の廃仏毀釈は、それだけではない。宇治山田川内にあった六十余か寺をことごとく廃寺にしたのである。そのやり方が卑劣ですさまじい。『仏教遭難史論』（大正十四年・羽根田文明著）は次のように書く。

明治初年に、伊勢国山田に度会府《わたらいふ》を置き、旧公卿橋本実梁《さねやな》を、府知事に任ぜられた。同地宮川と、五十鈴川との中間地を、全て川内と呼んだ。これ神宮の神領地域である。其川内神領地に、天台、真言、禅、浄土等の各宗寺院が六十余か寺あり。中にも外宮の神宮寺に常明寺、内宮の神宮寺に天覚寺、又天照皇山大神宮寺といふのがあった。同地は元神領にて両神宮の所在地であるから、排仏思想者たる橋本知事には、好都合の地であった。爰に橋本知事は、神宮の神職と結託して、己が排仏思想を実現せんとて、先ず川内神領地に於て、一切仏葬を禁止して、悉く神葬すべしと布令した。これ六十余か寺の檀徒を奪ひ去ったのである。

寺属の檀徒を前に奪ひて後に、各寺住僧を呼出し、今般当地方に於て一般仏葬を禁じて、悉く神葬することを布令したに就て、最早各寺共、寺を維持する資料がない故に各寺院とも、住僧と檀徒総代と連署して、廃寺願書を差出すと共に住僧は帰俗すべし。即今廃寺を願ひ還俗する者は、身分を士族に取扱ひ、且其寺院に属する堂塔等の諸建造物及び什器等、悉皆前住僧の所得に帰す。若此際廃寺願書を呈せず猶予する者は、近く廃寺の官令降る時は、上記の物件、皆官没となる。故に能く利害得失を考へ、一刻も早く廃寺願書を呈出する方が得策であらうと、説諭に及んだ。

廃仏毀釈が朝旨であるならば、敢て廃寺願を出さすに及ばず、廃寺を命令して可なりである。然るに橋本知事が、強て廃寺願書の提出を迫るのは、是れ朝旨でなく、自己の排仏主義を実行せんとの奸策である。（後略）

（羽根田文明『仏教遭難史論』一九二五年）

かくして神宮の周りから仏教的なものはことごとく排斥されたのである。なかでも祇園精舎の守護神であり、祇園信仰の象徴たる牛頭天王は、「神祇官事務局達」によって名指しで非難された。それまで「テンノウ」といえば牛頭天王を指していたが、一般に馴染みのなかった「スメラミコトたる天皇」を人々に染み込ませるためには、何よりも障害になった。そこで「天皇の名を僭称する不逞の輩」と決めつけ排斥されることとなったのである。だから牛頭天王を祀る「祇園社」は、まっ先に排除され、八坂神社と改称のうえ、祭神もスサノオノミコトへ置き換えられた。しかし、心の中までは支配できなかった。無塔神（牛頭天王）を扶《たす》けた蘇民将来の護符や茅の輪は排除できなかった。だから今でも、皇大神宮（内宮）の地元の家々では、軒並みに「蘇民将来子孫之門」と書かれた注連縄を一年中飾っている。また蘇民将来のもう一つの護符である茅の輪についても、全国至る所の神社の祭礼で使われるようになった。

伊勢神宮から仏教的なものをことごとく排除したあげく、総仕上げに皇大神宮（内宮）や豊受大神宮（外宮）を大々的に造り替えた。どう変わったかを見てみる。

図1　寛政九年頃の内宮の様子（『伊勢参宮名所図会』）

伊勢神宮の大改造

伊勢参りが盛んだった寛政九年（一七九七）に刊行された『伊勢参宮名所図会』の挿絵が載せる境内図（図1）や、嘉永二年（一八四九）造替図（図2）と、現在のものを対比すれば瞭然である（図3・4）。時系列で比べて見る。

敷地（境内地）全体の面積については、見た目、変わりはないように思える。しかし建築物の大きさは随分違う。垣で囲まれた区域が大層拡がった。詳細に検討するまでもなく、現在では、目いっぱい神域を拡張した様が見て取れる。過去に例のないほど壮大かつ華美になるような建築物を納められるよう拡張した様子がありありと見える。

たとえば、内宮宮地の北側にあった「御稲御倉」を宮地の外、西側へ移動させたことなどもそのひとつである。御稲御倉は、全国の神田《しんでん》（伊勢神宮の荘園）から収穫奉納された新稲を納めておくたいへん貴重な倉庫であるのに、である。

そうすることによって浮いた敷地を神域に取り込み、南北の長さを敷地一杯まで拡張した。加えて、もともと二重の透かし塀で囲まれただけであった神域を、壮大な垣で囲み込ん

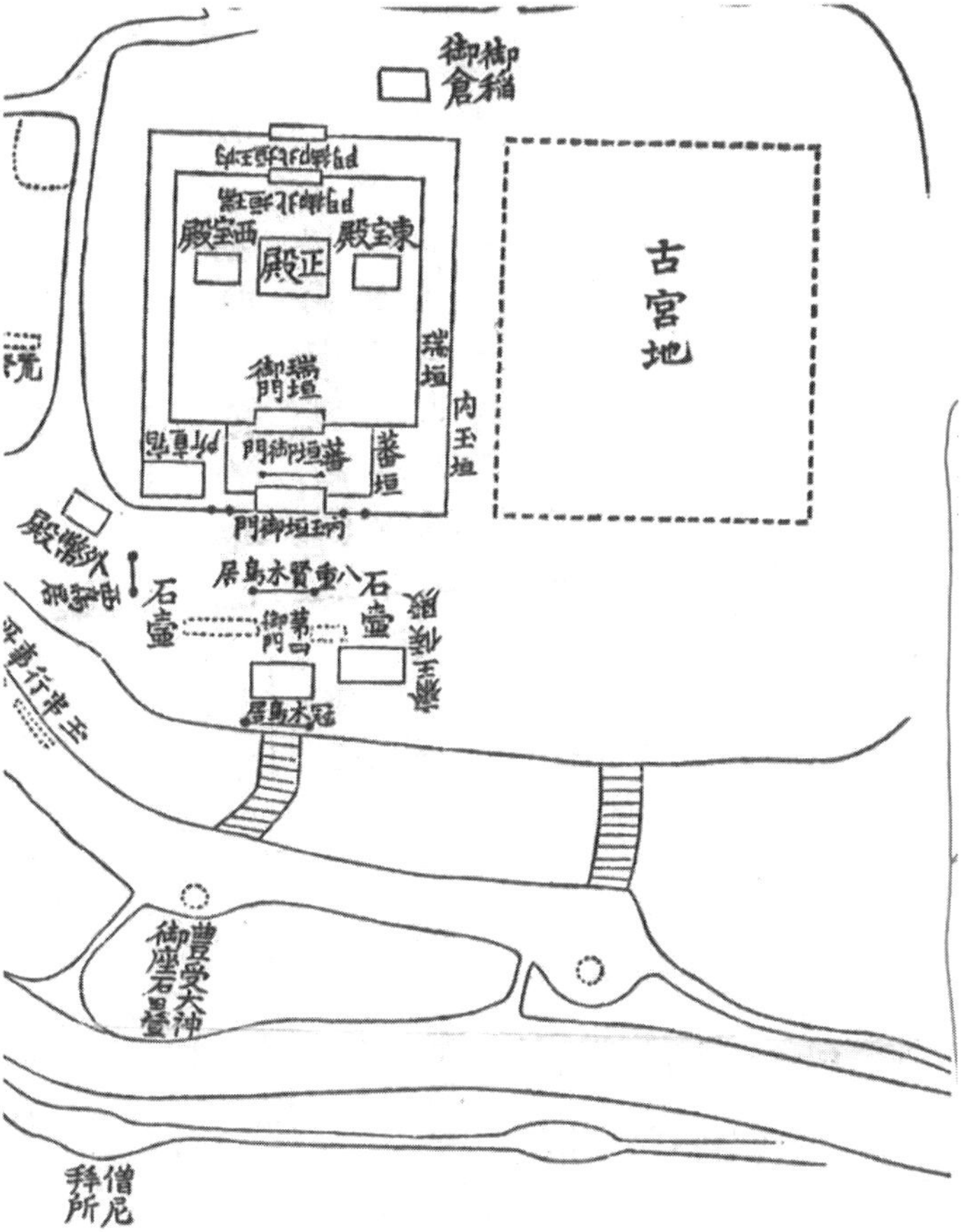

図2　嘉永二年の内宮造替図(『古事類苑 神祇部』)

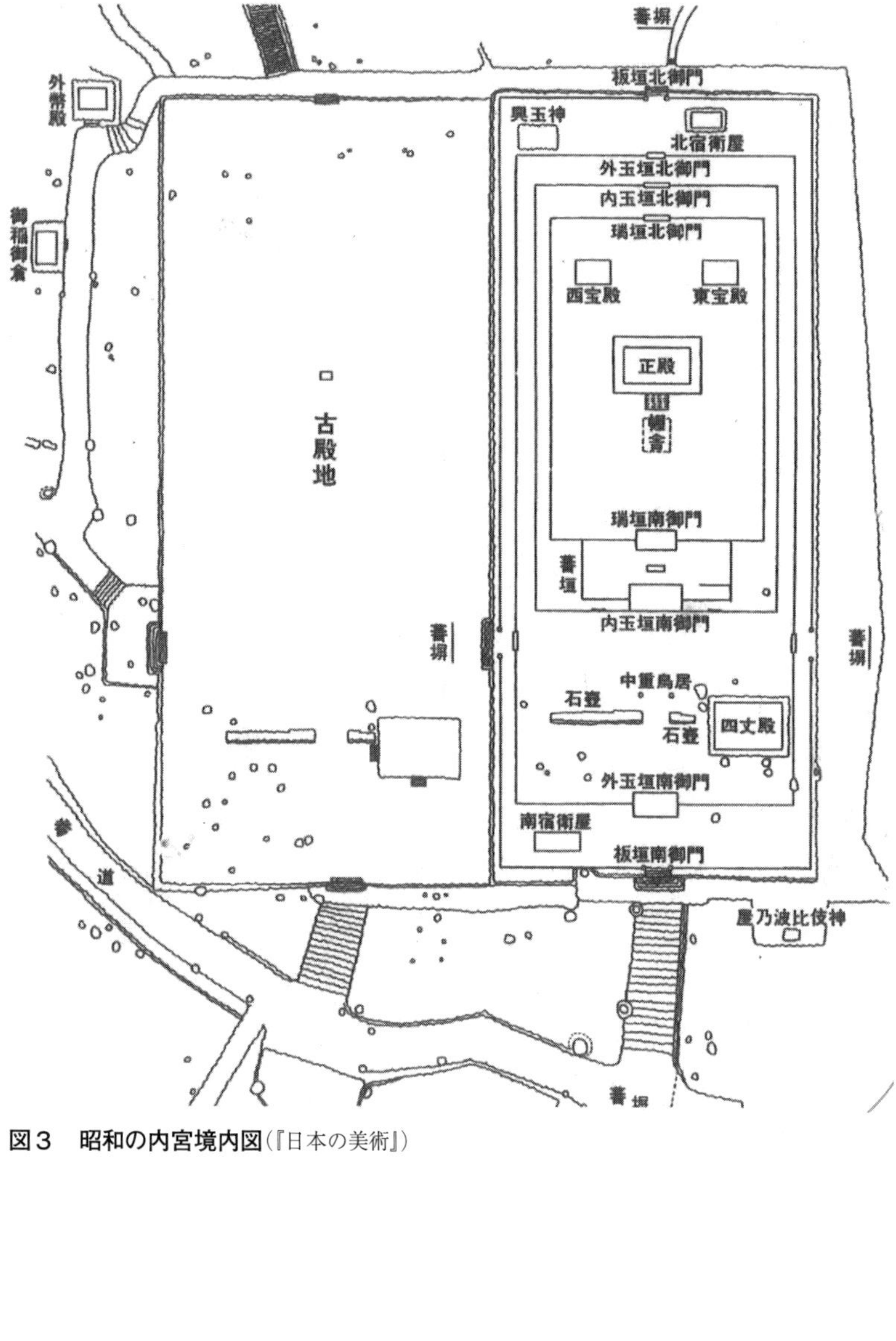

図３　昭和の内宮境内図(『日本の美術』)

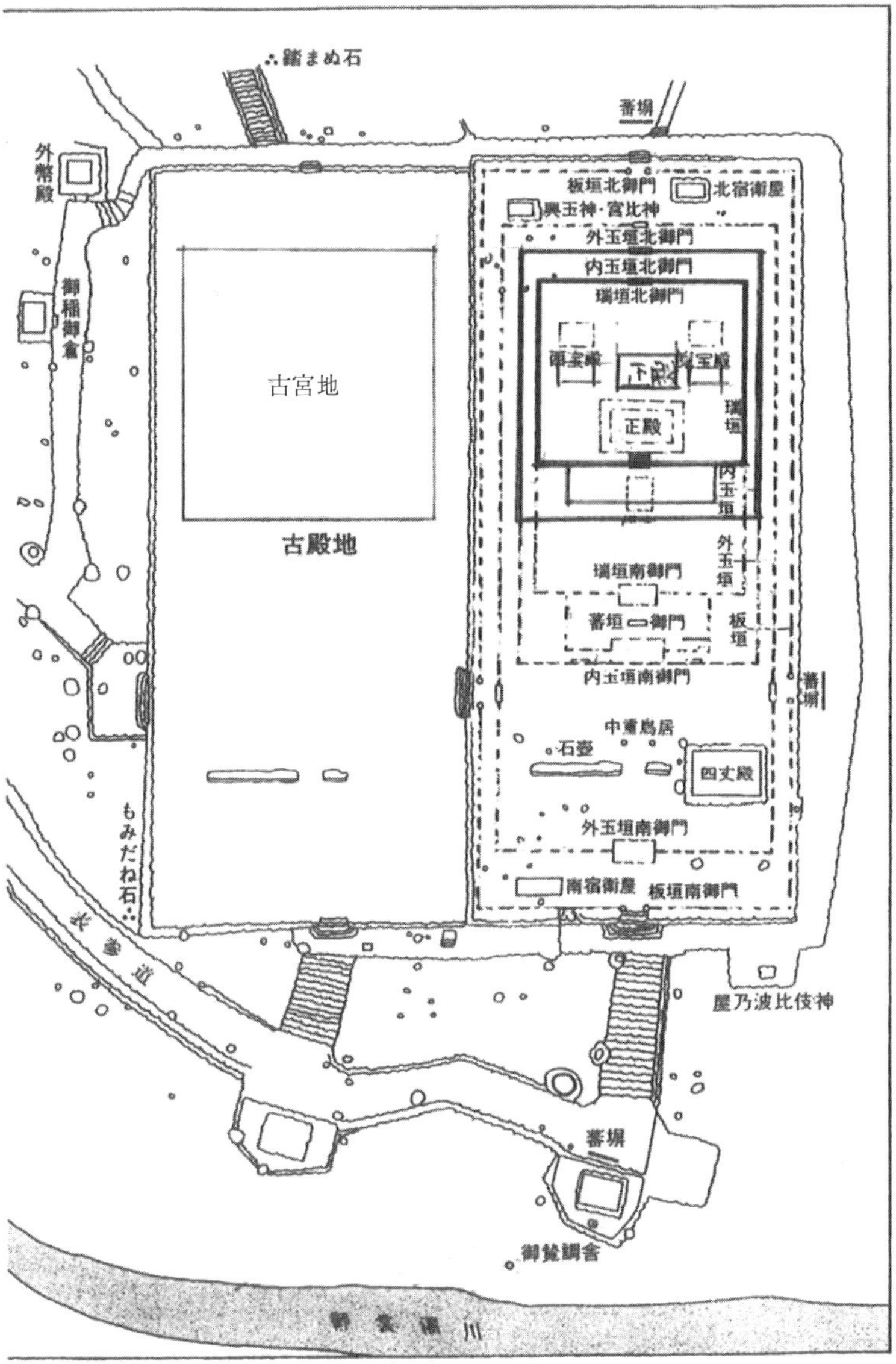

図４　現旧概念図（内宮）

実線――旧宮地

破線------現神域

だ。しかも外郭の垣は中が見えないよう背の高い板垣とした。この措置によって、神域と参拝者は完璧に分断されることとなった。

また、一番内側の瑞垣を比較すると、東西幅（横幅）はほぼ同じようだが、南北の長さ（縦）は、随分長くなった。正方形に近かった神域が、縦長の長方形に変わった。

以前の瑞垣内の構えは、本殿である正殿を真ん中に、東西宝殿が一列に並んでいた。しかし現在では、正殿こそ真ん中にあるものの、東西宝殿は正殿の後ろに並べて配置されている。正殿を大きく立派にしつらえたため、従来通り横一列に納めるには、瑞垣を拡げる必要があった。しかし、敷地の東西幅にゆとりがなかったための苦肉の策である。

さらに、もとは瑞垣と玉垣の二重の垣しかなかったが、全体に威厳を出すためというか荘厳さを現すためであろうか、玉垣を二重にし、更に外側へ高い板垣を立てて、周囲を囲った。こうして今見るように、参拝者には屋根の一部を除いて、全く中を見せないように遮蔽した。『伊勢参宮名所図会』に限らず『嘉永二年造替図』でも、内玉垣までは自由に出入りできていたうえ、瑞垣や玉垣も透かし塀である。他の神社同様、自由に正殿や宝殿まで見渡すことができていた。

国家神道を国是とすることを決めた維新政府は、日本一の神社を決めるに際し、出雲大社を支持する出雲派と、伊勢神宮を支持する伊勢派に分かれ大論争を行った。『古事記』以来、平田篤胤に至るまで圧倒的な支持や人気を誇っていた出雲派に対し、元来天皇家の先祖崇拝施設でしかなかった伊勢神宮を国家を代表する神社に変更することは無理筋であった。しかし、国家元首としての天皇の地位を不動のものとしたい伊勢派は、聖断を仰ぐといって明治天皇を担ぎ出した。その結果、大逆転で伊勢派が勝利し、伊勢神宮の大改造が始まったのである。

もともと伊勢神宮などより圧倒的な人気を誇っていた出雲大社を見ても、周りを囲っているのは透かし垣である。

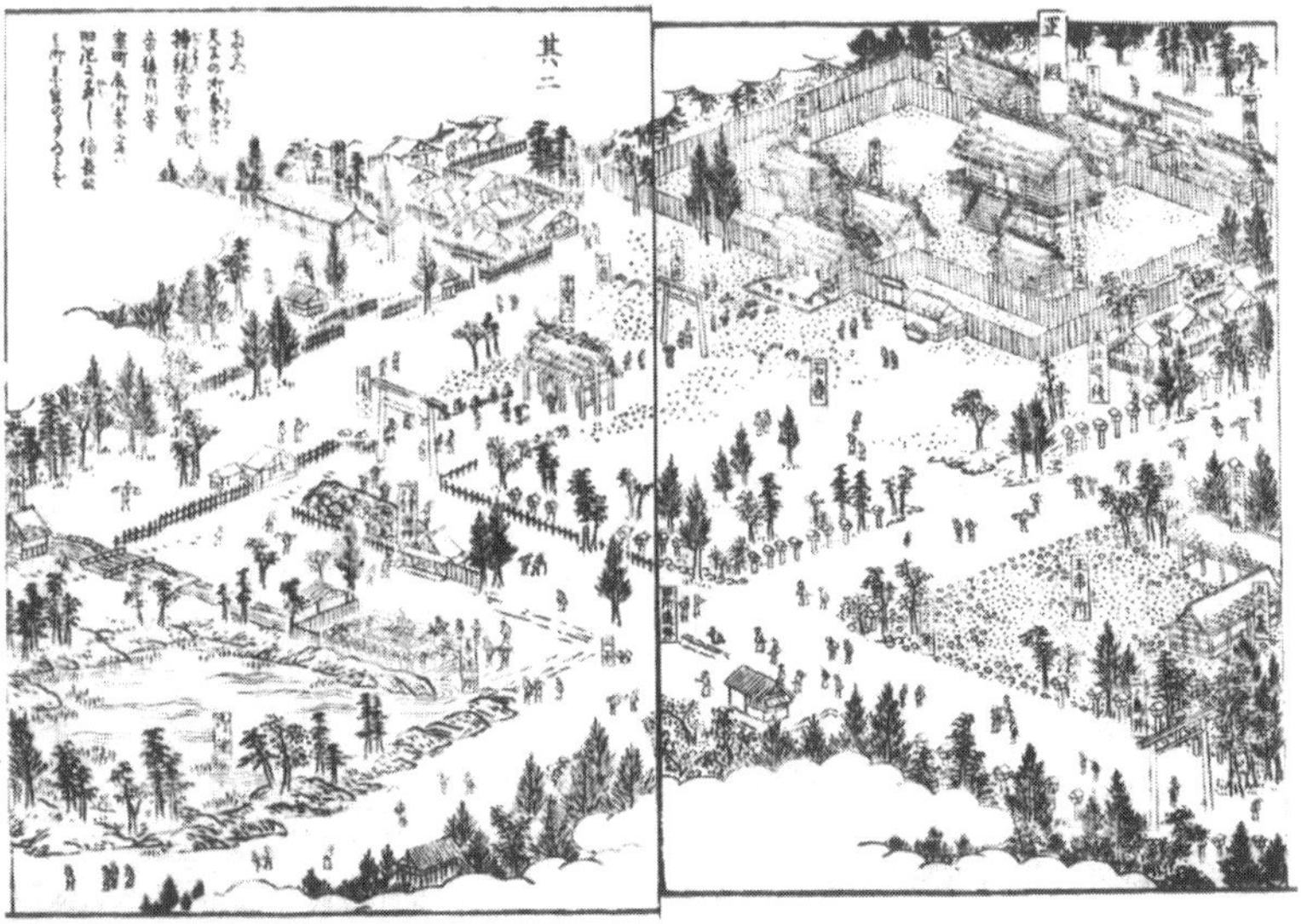

図5　豊受皇大神宮（『伊勢参宮名所図会』）

寺社詣では目的の大半が建物見物や物見遊山である。御師が盛んに誘った伊勢参りも「伊勢参り　太神宮へもちょいと寄り」の川柳で知られるように、周りには参拝者が退屈しないための遊興施設が建ち並んでいた。それがわかっているから、神宮もできるだけ境内を解放し、見せ場を増やしたのである。それがまた次の参拝者を呼ぶための宣伝手段でもあった。東隣には末社巡りコースがあって全国の神社を簡単に巡拝できるようになっていた。神宮にとっても、極力滞在時間を長くするための工夫である。交通不便な当時にあっては、普段はなかなか行くことができない全国に散らばる著名な諸社を一度に参拝することは、何よりであろう。御師が経営する宿坊に限らず、現在ではこれらもすべて撤去されてしまった。

　次に豊受皇大神宮（外宮）を見てみる（図5）。こちらも皇大神宮に倣い、神域を拡大し、板垣で囲って参拝者の視線を遮ったことは同じである。

　加えて、嘉永二年の造替図（図6）では、冠木鳥居の南へ縦に並ぶようにあった「豊受大神御座石畳」と「僧尼拝所」も、神仏混淆を嫌った明治政府によって廃された（図7・8）。

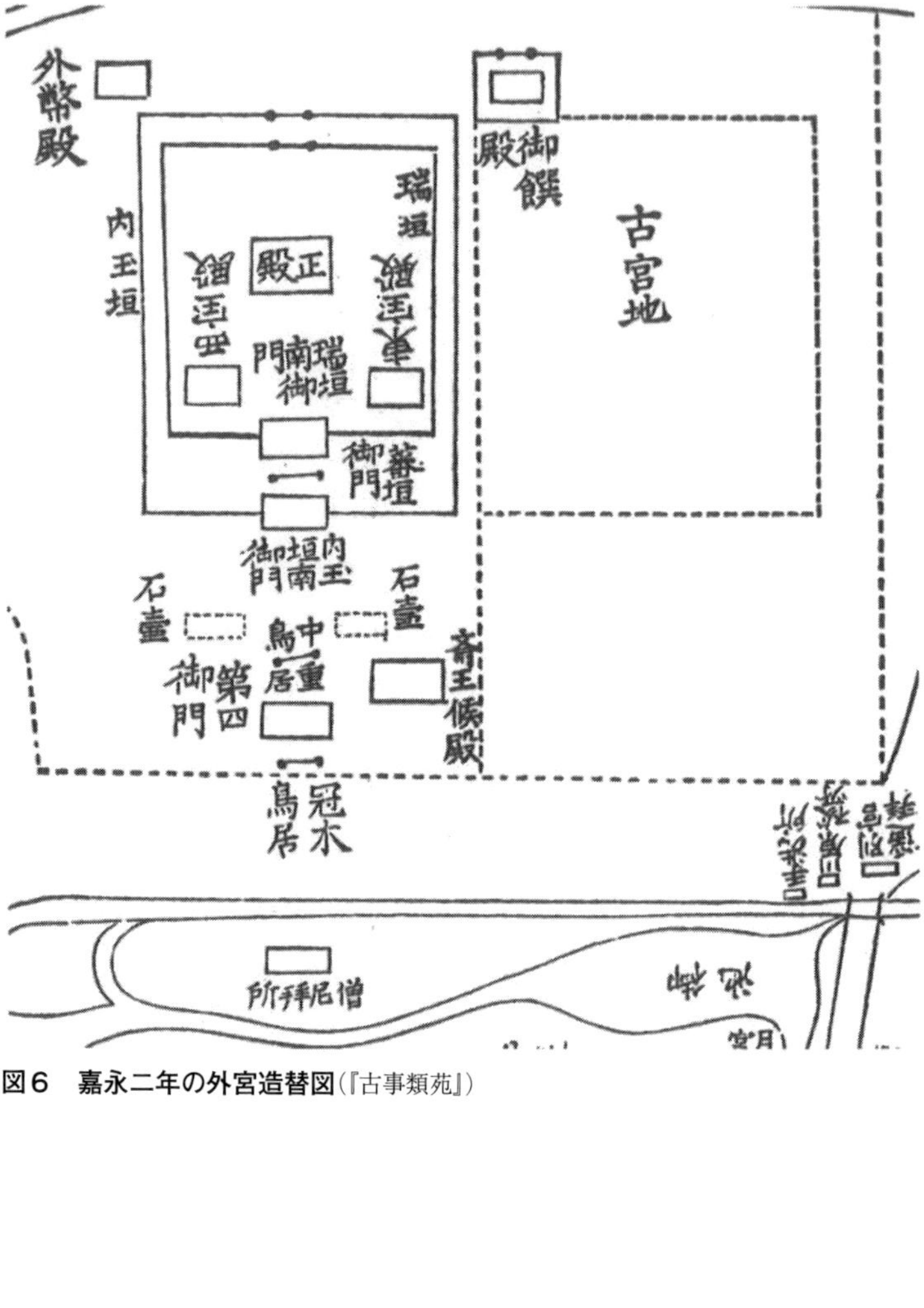

図６　嘉永二年の外宮造替図（『古事類苑』）

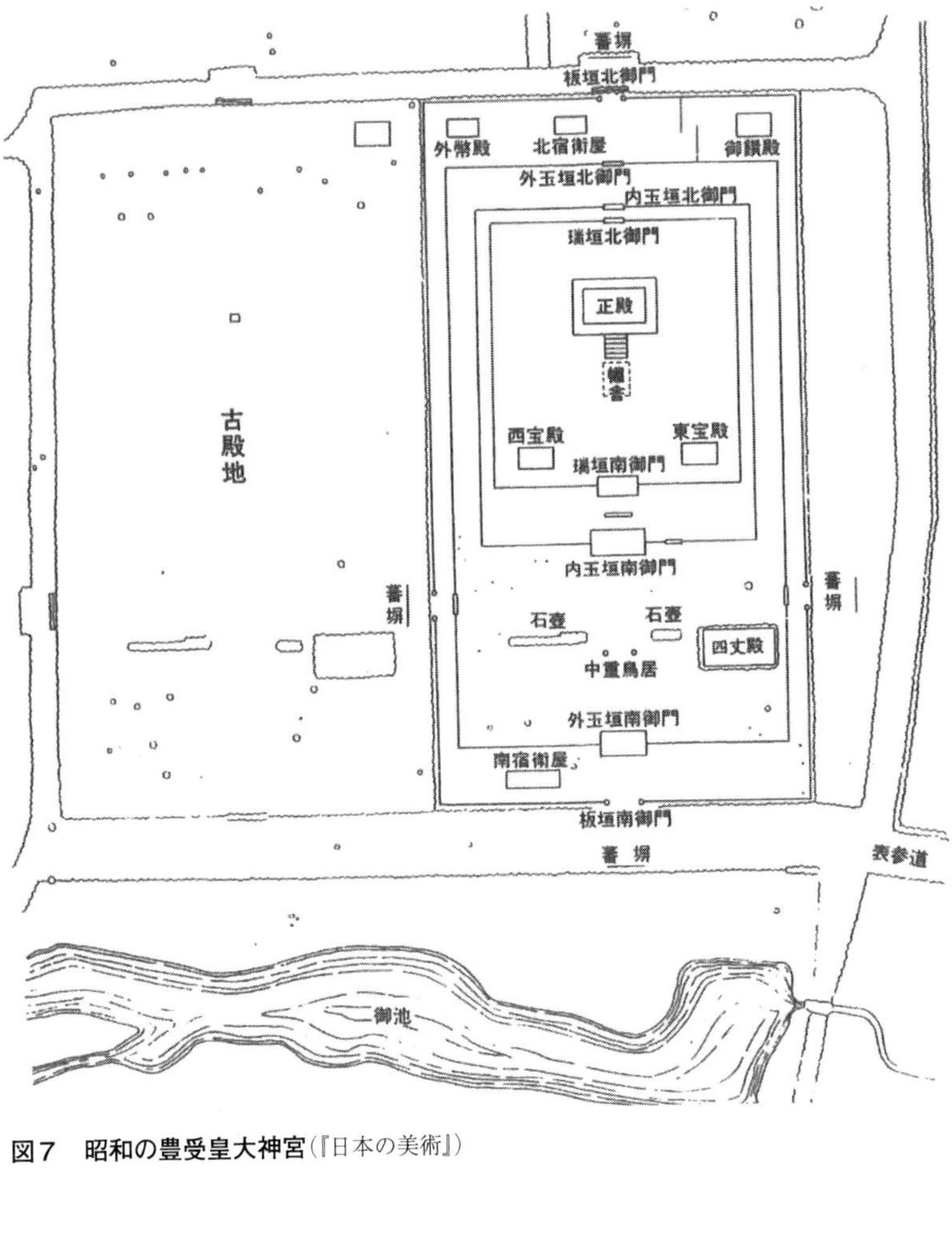

図7　昭和の豊受皇大神宮（『日本の美術』）

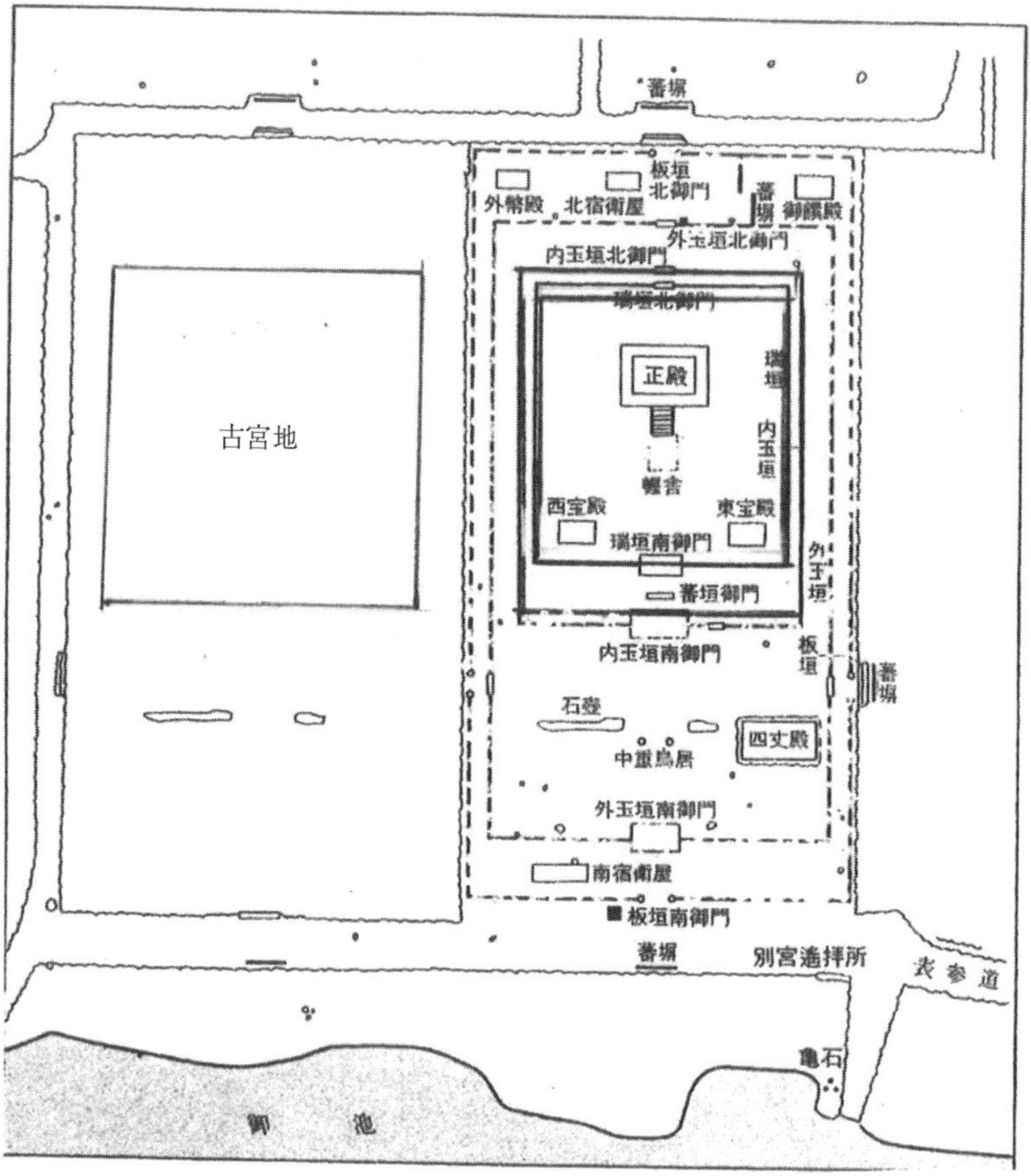

図８　現旧概念図（外宮）

実線——旧宮地
破線------現神域

明治以降現在に至る伊勢神宮のように、中がまるで見えない寺社など他にはみあたらない。伊勢神宮のみである。国家神道の総本山として、荘厳さを演出するためである。その一方、創建以来どの天皇も参拝したことのなかった伊勢へ、国家元首としての天皇を何度も行かせ、国家神道の代表であることを演出した。それには、皇居同様、庶民が自由に出入りできないようにする必要があった。二重垣に加え、新たに外玉垣や板垣を築き、合計四重の垣で囲んだのも一環である（図4）。それによって旧第四門（現板垣南門）より中へは行かせず、板垣の外から参拝させるようにした。

【参考文献】

『古事類苑』　明治十二年（一八七九）に文部省によって編纂が開始され、明治四十年に完了した日本唯一の官撰百科事典。「六国史」以降、慶応三年（一八六七）に至るあらゆる文献から引用した例証を、分野別に編纂。明治二十九年から大正三年（一八九六～一九一四）まで刊行。全千巻。当初線装本（本文三百五十五冊（本文三百五十冊、総目録二冊、索引三冊））。明治四十一年～昭和五年（一九〇八～三〇）洋装本（五十一冊（含総目録・索引一冊））刊行。昭和四十二年～四十六年（一九六七～七一）および平成七年～十一年（一九九五～九九）、吉川弘文館復刻刊行（全五十一冊）。

『古事記』　和銅五年（七一二）太安万侶が編纂し元明天皇へ献上した日本最古の歴史書とされる。蘇我氏滅亡の際に焼失したとされる『天皇記』『国記』再編のため、『帝紀』『先代旧事』等を「誦習」していた稗田阿礼の記憶に基づき太安万侶が編纂したとされる。しかし近年、稗田阿礼の実在説に疑問が持たれ始めている。養老四年（七二〇）編纂の『日本書紀』と共に、記紀と総称されたりするが、『古事記』は出雲神話を重視する。

『延喜式神名帳』　延喜式は平安時代に編纂された三大格式《きやくしき》（弘仁格式・貞観格式・延喜格式）の一つ。格式とは律令の施行細則であり、律は刑法、令は行政法その他の法令の総称である。延喜式は延長五年（九二七）に編纂され、神名帳は巻九・十巻のことで、当時「官社」に指定されていた全国神社一覧のことである。

『備後国風土記』逸文　前出

『十巻本　伊呂波字類抄』　前出

『神道集』　前出

『伊勢神宮の成立』　大田英比古著、平成二十五年（二〇一三）、日本橋学館大学公開講座講演、千葉県柏市教育委員会。

『祖国を憶ひて』　利井興隆著、大正十三年、一味出版部刊。国立国会図書館デジタルコレクション。

『民衆宗教史叢書　第十三巻　伊勢信仰Ⅱ』　西垣晴次編、昭和五十九年（一九八四）、雄山閣出版刊。

『仏教遭難史論』　羽根田文明著、大正十四年（一九二五）、国光社出版部刊。国立国会図書館蔵。

『伊勢参宮名所図会』　蔀関月編、寛政九年（一七九七）、河内屋太助刊。早稲田大学ほか蔵。

『歩きたくなる　大名と庶民の街道物語』　新人物往来社編、平成二十一年（二〇〇九）、新人物往来社刊。

『原色日本の美術』　小学館が、昭和四十三年（一九六八）から隔月で一冊ずつ刊行。当初二十巻セットであったが、完結後更に十巻を加え、最終的に三十巻となった。小学館刊。

『明治維新の敗者と勝者』　田中彰著、昭和五十五年（一九八〇）、日本放送出版協会刊。

神社神明造の屋根
―千木と鰹木―

千木の内削ぎ外削ぎ／鰹木の本数

神明造の屋根には　千木《ちぎ》と鰹木《かつおぎ》が乗っている（「千木」は、屋根の両端で交叉させた部材で、「鰹木」は、屋根の上に棟に直角になるように何本か平行して並べた部材）。もともと屋根を押さえるものであったが、今は飾りの要素が大きい。だから外削《そ》ぎの千木には鰹木が奇数、内削ぎの場合は偶数と決まっているようである（「外削ぎ」は、千木の先端を地面に対して垂直に削っているもので、「内削ぎ」は、水平に削っているもの）。伊勢神宮の外宮と内宮がそうなっていることから影響を受けたようだが、今でも小数ながらそうではないものも残る。

東京都荒川区にある素盞嗚神社の屋根は内削ぎだが、鰹木は五本、つまり奇数である（図1）。この神社はもともと牛頭天王を祀っていたが、明治以降、現在の名前に変更された。

ほかにも、神田明神（千代田区）境内に鎮座する魚河岸水神社本殿の屋根も同様である（図2）。

歴史的にも、『江戸名所図会』が載せる「伊雑太神宮」（現中央区・天祖神社）や「新川太神宮」（現中央区）も、千木は内削ぎだが鰹木は五本に描かれている（図3）。また飯倉神明宮（港区・芝大明神）本社は内削ぎ三本である（図4）。一方、三崎稲荷社（千代田区）の仕様は現在型の外削ぎ五本となっている。

現在のものでも布田天神（東京都調布市）が販売している神棚の屋根は内削ぎ三本だし、築地魚市場跡地にあった「魚河岸水神社遙拝所」の屋根仕様もまた内削ぎ三本である（図5。豊洲市場に新築されたものは、型どおり外削ぎ五本になっ

図５　魚河岸水神社遙拝所模型

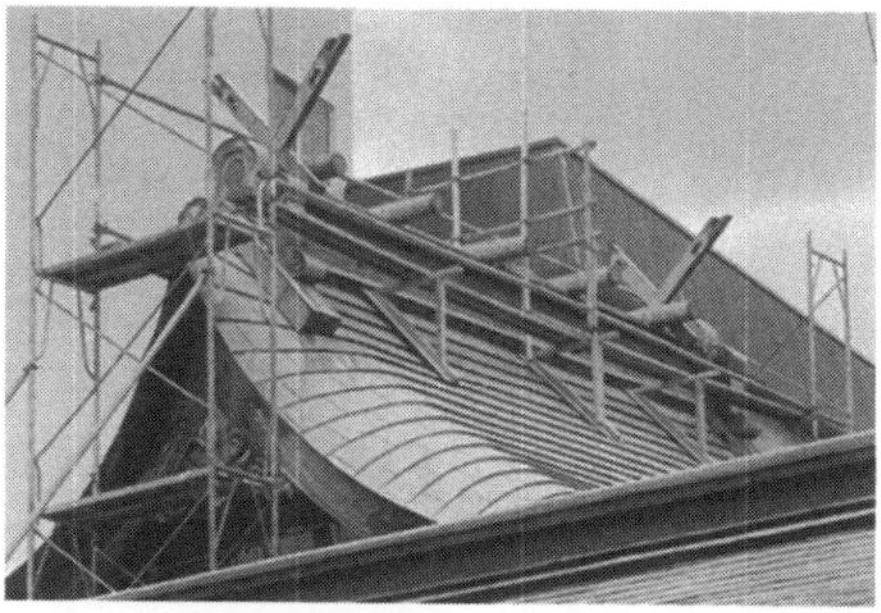

図１　素盞鳴神社本殿

図２　魚河岸水神社本殿（神田明神境内）

図３　新川大神宮（『江戸名所図会』）

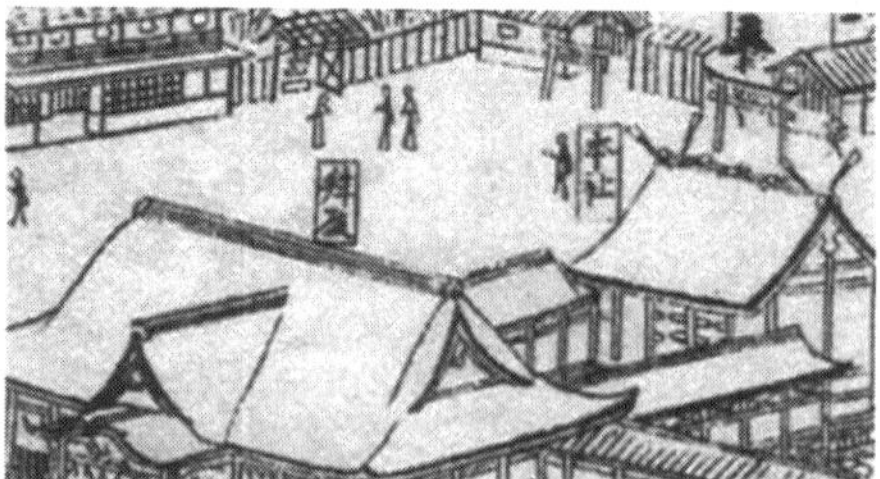

図４　飯倉神明宮（『江戸名所図会』）

ている)。

大嘗祭主基殿・悠紀殿

そもそも、内削ぎが偶数で外削ぎが奇数ということになったのは、案外新しいのではなかろうか。二〇一九年秋に、古来からの形式を踏襲して行われた大嘗祭に際して仮設として建てられた建築群のなかに、千木と鰹木を載せた屋根を持つ外削ぎの「主基殿」と内削ぎの「悠紀殿」があったが、鰹木は共に同数の五本であった(図6。中の三本はいずれも二本宛であったから、各八本と言えなくもない。しかし、ちょっと見には五本に見える。いずれにしろ、外削ぎ内削ぎにかかわらず千木の数は同数であることに変わりはない)。

國學院大學博物館の展示図録中の古図の中には、前が内削ぎ後ろが外削ぎに描かれてあるものもあった。いずれも鰹木の数が五本であることは同じである。

一般に外削の方が多いのは、内削だと木口が上を向くので雨水が染みこみ、腐朽するのが早いといわれる。いずれにしろ、古来からのものは、削ぎに関係なく皆五本である(図7)。それがいつからか、内削は偶数、外削は奇数に決められただけの話である。参拝の際の「二礼二拍手一礼」の礼式も、固定したのは明治以降と考える(ちなみに以前は伊勢と同格か上だった宇佐神宮や出雲大社では、今も柏手は四回叩くのが正式である)。

図6－1　大嘗祭主要建物配置関係雛形
（左：主基殿　右：悠紀殿）

図6－2－2　主基殿千木

図6－2－1　大嘗祭で建てられた外削ぎの
主基殿棟

図6－3－1　大嘗祭で建てられた内削ぎの悠紀殿棟

図6－3－2　悠紀殿千木

図7　前が内削、後が外削に描かれた古図
（『主基殿』）

【参考文献】

『江戸名所図会』　前出
「大嘗祭主要建物配置関係雛形」　大嘗宮が公開されている間、皇居内に設けられた休憩所に置かれていた大嘗宮配置模型雛形。大嘗祭は、新天皇が皇位継承に際して行う宮中祭祀であり儀式のこと。令和元年（二〇一九）十一月十四～十五日に、皇居内に仮設の大嘗宮（悠紀殿、主基殿、廻立殿ほか）が建てられた（建築費：九億五千七百万円）。終了後は破却されたが、しばらくの間一般に公開された。
「列島の祈り―祈年祭・新嘗祭・大嘗祭―」展示リーフレット　平成三十年（二〇一八）十一月三日～平成三十一年一月十四日に國學院大學博物館で開催された企画展。なお、同館では令和元年（二〇一九）十一月一日～十二月十五日（十二月二十二日まで延長）間、企画展「大嘗祭」も開催された。

宮廷の正月行事から民間へ

朝廷と江戸幕府

宮廷行事の多くは平安時代に遡ると思っている人は多いが、実際には時代と共に変化している。とりわけ武家政治の始まった鎌倉時代以降は、多くのものが断絶したり創設されたりした。なかでも豊臣政権を倒した徳川家康は、朝廷の権威は利用するものの幕府の支配下に置くことを考えた。それでも豊臣家が健在な間は表立っての変化はなかった。ところが、慶長二十年（一六一五）五月、大坂夏の陣によって豊臣家を滅亡させると、わずか二か月後の元和元年（七月十三日に慶長から改元）七月十七日、「禁中並《ならびに》公家諸法度」を公布した。これによって史上初めて、朝廷は幕府の管理下に置かれることになった。全十七条からなる法度の第一条に定められたのが　天皇権限の制限と職務についてである。

一天子諸藝能之事、第一御学問也。不学則不明古道、而能政致太平者未之有也。貞観政要明文也。寛平遺誡、雖不窮経史、可誦習群書治要云々。和歌自光孝天皇未絶、雖為綺語、我国習俗也。不可棄置云々。所載禁秘抄御習学専要候事。

（「禁中並公家諸法度」）

天子（天皇）としての勤めは芸能であるとされ、第一は学問であると規定されている。芸能の意味は現在とは少々異なり、天子として心得ておくべきあらゆる知識と教養のことであった。これを定められたときの天皇は、第百八代の後水尾天皇（在位一六一一〜二九）であった。以来しばらくは幕府とのせめぎ合いが続くが、徐々に宮廷側が追い詰められていった。

そのことを象徴するのが、元和六年（一六二〇）に行われた家康の孫、秀忠の娘の徳川和子《まさこ》を後水尾天皇正室として強引に入内させたことである。平安時代の藤原氏よろしく徳川家が外戚として、徳川の血をひく子供を天皇にするためであった。幸い思惑は外れ、和子の産んだ男子は皆早世。寛永四年（一六二七）に起きた「紫衣《しえ》事件」直後に御水尾天皇が突然譲位したため、和子との間に生まれた興子が女帝として第百九代明正《めいしょう》天皇に即位した。

「禁中並公家諸法度」と紫衣事件

御水尾帝譲位の原因となった紫衣事件は次の通りである。紫衣《しえ》とは最高位の僧侶が身につける紫色の衣のことである。大徳寺や妙心寺等、格式の高い寺院の住持となるには、天皇の勅許を得て紫衣を着す必要があった。天皇にとっても紫衣勅許料が貴重な収入源となっていた。

これに異議を唱えたのが徳川家康である。慶長十八年（一六一三）、「勅許紫衣法度」を発令。元和元年（一六一五）には「禁中並公家諸法度」第十六条で、天皇の一存で紫衣許可の勅許を出すことを禁止した。

一紫衣之寺住持職、先規希有之事也。近年猥勅許之事、且乱臈次、且汚官寺、甚不可然。於向後者、撰其器用、戒臈相積、有智者聞者、入院之儀可有申沙汰事。

（「禁中並公家諸法度」）

しかし後水尾天皇は慣例通り、紫衣勅許を出し続けた。これが寛永四年（一六二七）七月になって、三代将軍徳川家光により、突然「禁中並公家諸法度」第十六条違反として、元和元年以降に発令された勅許をすべて無効とした。

これに対抗して、御水尾帝は幕府に知らせぬまま譲位、大徳寺の沢庵宗彭《たくあんそうほう》や妙心寺の東源慧等も激しく抵抗した。しかし当時の朝幕の力の差は歴然であった。幕府に逆らえばどうなるか、見せしめの意味もあって、両名を出羽国と陸奥国へ流罪とした。

いずれにせよ、紫衣事件の処分によって「幕府の法度は天皇の勅許に優先する」ことを、はじめて明示することになった。このことはもともと朝廷の官職のひとつに過ぎない征夷大将軍と幕府が、朝廷より上位に立ったことを意味する。

御水尾天皇の譲位

御水尾天皇は、かねてより体調不良を理由に譲位を願っていたが、和子に皇太子が誕生するまでは譲位させない幕府の意向もあって、延び延びになっていた。しかし紫衣事件によって、譲位を決意したようである。

十一月八日の朝、理由はいわれぬまま公家たちは正装して宮中へ参内するよう連絡があった。一同が着座するのを待って奉行頭弁中将が「譲位である」と一言告げた。皆があっけにとられている間にも、儀式は粛々と進められ、譲位の儀は無事終わった。

突然の譲位は幕府にとっても寝耳に水であった。幕府に対する謀反として、徳川秀忠は「上皇を流罪にすべし」と主張したが、将軍になっていた家光の取りなしで、事なきを得たといわれる。

寛永九年、大御所・徳川秀忠が死去すると恩赦が行われ、大徳寺・妙心寺とも幕府の管理下となったが、表向きは紫衣事件以前の姿を回復することになった。なお沢庵は、家光の帰依を受けたため、江戸に留め置かれることになった。

朝廷行事から民間行事へ

こうして朝廷と幕府の基本的な役割分担が決まることになった。朝廷側の年中行事を記録したものが『当時年中行事』で、正保から慶安頃（一六四四～五二）、後水尾上皇が編纂した。第百十代後光明天皇（在位一六四三～五四）に伝えるためである。しかしその後も基本的には幕末まで踏襲された。

正月行事は、次のように行われた。平安時代の行事を踏襲したものもあるが、新しく始められたものも多く、その中には現在へ続くものもある。

一日　四方拝（図1）

寅の刻（午前四時頃）に天皇が清涼殿の東庭で、天地および東西南北（四方）の神々と先祖代々が眠る山陵を遙拝すること。災いを祓い、国の安全を祈る気持ちが込められている儀式である（現在は宮中三殿の西にある神嘉殿《しんかでん》南庭で行われる）。これが民間に伝わり初詣の風習へとつながる。

一日　朝賀（朝拝）

辰の刻（午前八時頃）に天皇が紫宸殿（平安時代は大極殿）で群臣からの賀（祝福）を受ける行事である。現在は、午前九時三十分から宮殿で行われる「晴の御膳」や、同十時から行われる「新年祝賀の儀」、並びに昭和二十三年（一

図１　四方拝（宮内庁三の丸尚蔵館蔵「恒例公事之図」）
同館展示図録『古記録に見る王朝儀礼』より転載

九四八）一月二日から行われるようになった「一般参賀（国民参賀）」までが、形を変えた朝賀の儀式といえるだろう。

一日　元日節会

午後から元日を祝い、天皇が紫宸殿（平安時代は豊楽院）に出かけ、群臣に宴を振る舞うことである。「節会」とは、天皇が群臣に振る舞う宴のこと。

民間では年始回りには、扇箱に入れた扇を持参するのが習わしであった。受け取った家では、箱のまま玄関へ井桁に積み重ね、来客の多さを競っていた。来客の少ない家では、自分で扇箱を買って積み上げたりした。そんな扇箱の返礼に、主人が酒を振る舞うのが習わしであった。

これなど「元日節会」の略式のようである。現在の年始回りは、訪れた証拠に名刺を配ることが多く、先方からの返礼は滅多にない。

一～三日　歯固

天皇の長寿を願い、鏡餅や大根・瓜・押鮎などを献上することである。固いものを食べるのは、「歯」と「令（年齢）」を合体させると「齢」となることから、長寿を願うことに繋がったからである。

鏡餅は平安時代には餅鏡といわれたようで、『源氏物語』初音の巻が載す「歯固の祝ひして、餅鏡をさへ取り寄せ」の一節が、鏡餅に関する最古の記述とされている。名前の由来は、神霊の宿る三種の神器（鏡・玉・剣）のうち鏡を表す。生命力を高める食物とされる米を搗き固め、丸く整形することで、神器の鏡にあやかったものである。市井では家々の繁栄を願い、氏神の加護を願って、十二月二十八日に飾るのを吉とした。末広がりの「八」にあやかったからである。餅の上に載せる「橙《だいだい》」は、家が代々続くことを願うと同時に、三種の神器の玉を、橙の前に置く「串柿《くしがき》」は剣を表すとされている（図2）。

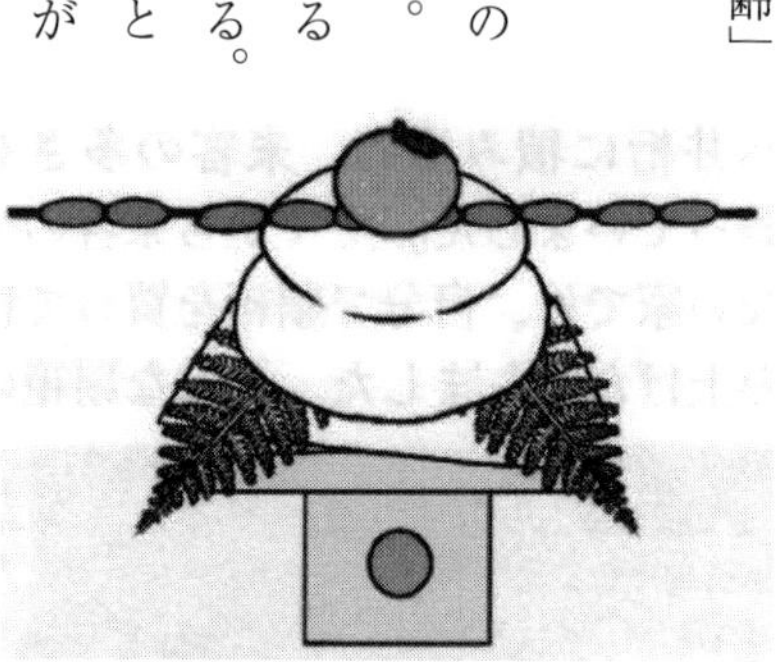

図2　伝統的な鏡餅

雑煮は神様からのお裾分けである。したがって、丸いのが普通であった。これが江戸を中心に四角くなるのは、引きずり餅（賃搗き餅）が現れた十八世紀以降のようである。大店などでは暮れの二十八日に総出で餅を搗き、お正月に皆で食べていた。しかし、九尺二間の長屋住まいには全く無縁だった。そんな長屋の人たちが、雑煮を食べるようになったのは、引きずり餅が現れ、大家が店子に雑煮用の餅を配るようになってからである。

引きずり餅は、餅つき道具一式を持参し、注文のあった家の庭先や道端で餅を搗く生業および餅のことである（図3）。十二月二十六日頃から暮れまでの短期間だけの商いである。朝から晩まで次々に注文があったため、搗いた餅を丸める時間が足らなかった。そこで一度に大量の餅を作る方法として、大きく延ばして包丁で切り分けることを思いついた。切り餅の誕生である。一方、店子も、食べたことはなくても、雑煮が丸いことは承知していた。そこで少しでも角を取るために焼くことを思いついた。こうして切り餅を焼く雑煮が始まった。

二日　朝覲行幸

天皇が年の始めに太上天皇（前の天皇＝上皇）および皇太后の住まいである「仙《せん》洞《とう》御所」へ行幸し、年始のあいさつをすることである。

商家では、正月と七月の十六日が、年に二日しかない休日（藪入り）として、丁稚などには最大の楽しみであった。現在では、年末年始に親元へ帰省したりすることと重なる。

図３　引きずり餅（『東都歳事記』）

七日　白馬節会（図４）

紫宸殿の前庭へひかせてきた青馬を天覧し、終った後は宴を催した。平安時代以降は白馬に変わったが、読み方は「あおうまのせちえ」のまま。民間で行われた春駒はこれを真似たものとされる。

七日　供若菜《わかなをぐす》

七種の節供または人日の節供ともいわれるように、七種の若菜を摘み、七草粥にして食した。これは現在、民間でも広く行われている。

図4　白馬節会（宮内庁三の丸尚蔵館蔵「恒例公事之図」）
同館展示図録『古記録に見る王朝儀礼』より転載

十五日　小正月

十五日は、小正月《こしょうがつ》（餅粥節供）として、天皇が小豆、大豆など七種の穀物を炊いた粥を食べた。同日に清涼殿東庭で行われたのが「左義長《さぎちょう》（三毬杖）」である。

旧暦（太陰太陽暦）では元旦は必ず新月になる。これを大正《おおしょう》月《がつ》というのに対して、望月《もちづき》（満月）が輝く十五日を小正月と呼んだ（現在は月の満ち欠けに関係なく一月十五日のこと）。「餅粥節供」本来の意味は、「望月の日に食べる粥」であったが、後には「餅を入れた粥」のことになった。

左義長は、青竹を束ね立て、吉書や扇子・短冊などを結びつけて焼く儀式のこと。左義長はもともと三毬杖と書いたように、毬杖《ぎっちょ》（木槌）で木の玉を打つ遊びで、いわばゲートボールの元祖みたいなものである。旧くなった毬杖を焼いたのが「どんど焼き」の始まりのようである。現在の「どんど焼き」は旧いお札《ふだ》や、取り外した門松・注連飾り、書き初めを燃やしたりするが、そのルーツがこの左義長である。

ほかにもまだいろいろあるが、現在まで風習として広く民間でも続いているものを中心に拾ってみた。以下、宮中の儀式がどう民間へ伝わり変化しながら継承されているかを見てみる。

民間へ伝わった正月行事

初日の出を拝む風習は全国にあり、ご来光を迎える名所がそれぞれの地域にあった。現在の東京では考えられないほど、江戸の街でも身近にあった。そんな人たちは、月明かりの全くない大晦日《おおつごもり》(大月籠《おおつきごもり》。新月)の夜道を、目的地まで黙々と歩いて向かった。当時、初日の出を迎える名所は、高輪・芝浦・愛宕山・神田・湯島・深川州崎堤防などである。今ではみる影もないが、いずれも海に面しているか海の見える高台であった。

一方、町中《まちなか》はきれいに掃き清められ、前夜遅くまで続いた喧噪がうそのように、すべての見世(店)は雨戸を閉め、物音一つしない静けさの中で新年を迎えた。それでも初日の出を終えた人たちが家路につく頃には、皆起き出した。家長を中心に若水《わかみず》を汲み、その水で雑煮を煮、福茶を飲んで新年を祝うためである。

若水は新年の最初に汲みあげる井戸水のこと。江戸の水道は、蛇口をひねると水が出るものではなく、文字通り水の通る道、水路のことである。はるか多摩川から引いた水は、四谷大木戸までは露天のまま、そこから先は地下に埋設された木樋《もくひ》を通って市中を巡っていた。木樋には、ところどころに水を溜める枡《ます》が設置され、地上と枡は井戸でつながっていた。その井戸から最初に汲みあげる水が若水である。汲みあげた水はいったん瓶《かめ》に入れ、必要のつど手桶で器に移して利用した。お正月にはこの手桶も新調して輪飾りをかけ、瓶から水を汲む場合は、恵方に向かって汲むのが習わしであった。

福茶とは、お茶に梅干または結び昆布、あるいは両方を入れたものである。西日本各地では現在も広く行われているが、江戸から東京へ変わる際に継承されず絶えた風習である（近年通販などで、福茶セットを販売するようになったが）。

新年の祝いが終わると、再び静けさが戻った。その後は恵方参《えほうまい》りや氏神への初詣《はつもうで》に出かける者もあったが、多くは終日のんびり過ごした。当時は現在のような初詣習慣はなく、初子《はつね》（大黒天）や初不動（不動明王）などへの初縁日参りが、いわば初詣のようなものだった。

恵方参りは、歳徳神《としとくかみ》（その歳の福徳を司る神。干支によって毎歳変わる）のいる寺社へ参詣することである（近年コンビニが始めた、節分の日に巻き寿司を丸のまま食べる日として定着しつつある）。

氏神への初詣は、元来「年籠《としごもり》」であった。家長が大晦日の夜から元日の朝にかけて氏神のところへ籠る（年を越えて籠る）ことである。今年一年無事に過ごせたことへの感謝と、新年の無事と平安をお願いするためであった。これが、大晦日の「除夜詣《じょやもうで》」と元日の朝の「元日詣」の二つに分かれたのが現在の姿である。すなわち、除夜詣は除夜の鐘撞きに残り、元日詣は初詣に変化したとされている。なお今のような、氏神と全く切り離された初詣をするようになったのは、明治も半ば以降のことである。その頃発達した鉄道各社が、自社の経営する鉄道沿線にある寺社への誘客運動の一貫として行われたのが最初とされる。


【参考文献】


「禁中並公家諸法度」　徳川幕府が朝廷や公家を規制するため、元和元年（一六一五）に発令、金地院崇伝起草、全十七条からなり幕末まで改定変更はされなかった。

『京洛　朝廷と幕府』　村井康彦編、平成六年（一九九四）、講談社刊。

『江戸幕府の構造』　藤野保編、平成五年（一九九三）、雄山閣出版刊。

『古記録に見る王朝儀礼』　宮内庁三の丸尚蔵館編、平成六年（一九九四）刊。

『東都歳事記』　近世後期に行われていた江戸・近郊の年中行事を月順に記録。斎藤月岑編、長谷川雪旦・雪堤親子が挿絵を描く、全五冊、天保九年（一八三八）、須原屋茂平・伊八刊。早稲田大学図書館ほか蔵。

『後水尾天皇』　熊倉功夫著、平成二十二年（二〇一〇）、中公文庫。

『葵の帝明正天皇』　小石房子著、平成十二年（二〇〇〇）、作品社刊。

『菊と葵　後水尾天皇と徳川三代の相克』　田中剛著、平成二十四年（二〇一二）、ゆまに書房刊。

『近世の朝廷と宗教』　高埜利彦著、平成二十六年（二〇一四）、吉川弘文館刊。

『年中行事絵巻』　平安時代の宮中儀式や祭事・法会・遊戯などを中心に、民間の風俗をも描いた絵巻。後白河法皇の命により常盤光長等が描き、飛鳥井雅経や藤原教長等が詞書を書いたとされるが確証はない。保元二年～治承三年（一一五七～七九）頃成立、六十余巻あったが、寛文元年（一六六一）内裏火災により焼失。これ以前、後水尾上皇の命により住吉如慶等が模写した十七巻、その他二巻の白描模本が残存。

門松の変遷

門松のはじめ

前年の暮れから門松を立て、新年を迎えることは古来からの風習である。現在では竹のほうが目立つけれど「門松」と呼ばれるのは、もともと松飾りであったことの名残である。図1は、『徳川盛世録』が載す大名屋敷の門松であるが、今とだいぶ違うことには誰でも気づく。一番大きな違いは、左右に立てた門松に、直接注連縄を渡し、その真ん中へ飾り(注連飾り)をつけることである。門松自体も一見、全体が松飾りのように見えるが、下半分は松、上半分は葉付き竹である。

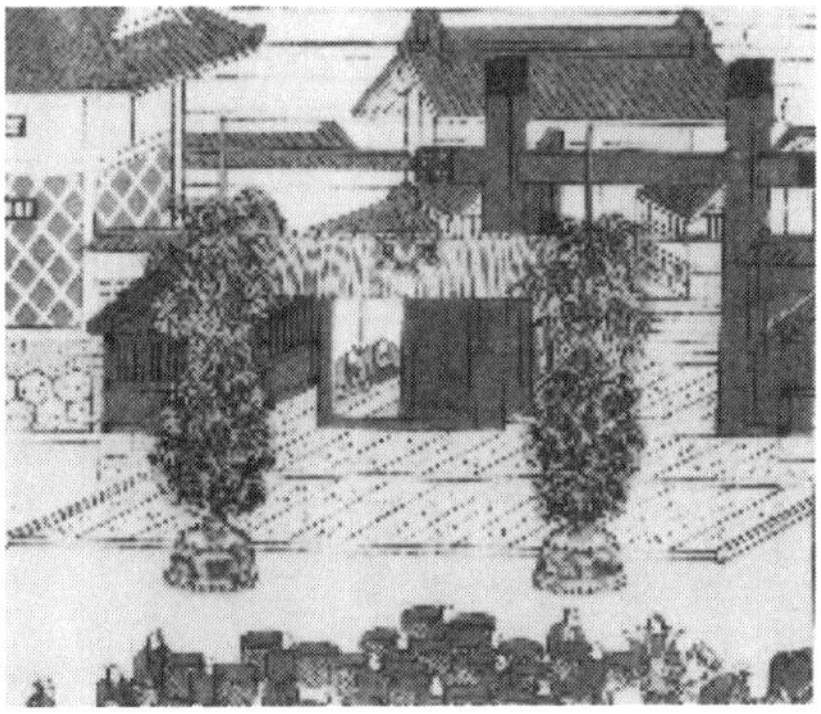

図1　大名屋敷の門松(『徳川盛世録』)

そんな門松が今の形に定着したのは、明治以降である。すると、以前はどんな姿をしていたか気になる。発祥からの変遷をたどってみる。

新年に門松を立てる風習について、定説はないものの平安時代には行われていたようである。もとは松ではなく「賢木《さかき》(榊)」であったが、平安後期には「松」に変わった。後三条天皇(在位一〇六八~七二)時代の人・惟宗孝言《これむねのたかとき》(一〇一五~?)の『長斎之間以詩代書呈江才子(本朝無題詩)』が載す左記の一節がそのことを示している。

占期百日潔斎処《きをしむるひやくじつけつさいのところ》
正月春中閉四墉《しょうがつしゅんじゅうしようをとづ》
持案法華応聖藻《あんをじしてほつけせいそうにおうじ》
鎖門賢木換貞松《もんをとざしてさかきていしょうにかえ》

（『風俗画報』二号および四九号より）

百日潔斎月である正月（一月）一杯は、四墉《しよう》（屋敷を取り囲む塀）を閉じ、法華経を唱える。その際、昔は門を鎖《とざ》し、賢木《さかき》（榊）を挿していたが、（何時からか）貞松《ていしょう》に換わった。というものである。

また自注でも、「近来世俗、皆貞松を以て門戸に挿す。而るに余は賢木を以て之に換う（原漢文）」と記している。最近、世間では皆、門に松を飾るようになった。処が自分の家は昔ながらの賢木を飾っている、と自慢しているのである。「貞」には神意を伺う意味がある。

しかし、まだ「門松」という言葉はない。この言葉が出てくるのは、もう少し年代が下がる。堀河天皇（在位一〇八六～一一〇七）時代の歌集『堀河百首』に載る藤原顕季《ふじわらのあきすえ》（一〇五五～一一二三）の歌、「門松を　いと浪《なみ》たつるそのほどに　春明がたに　夜やなりぬらむ」が最初とされる。

これより少し遅れるが、絵画に描かれたものとしては、後白河院（在位一一五五～五八）が土佐光長（生没年不詳）に命じて完成させた『年中行事絵巻』がある（原本は保元二～治承三年（一一五七～七九）頃に描かれ全六十巻あったとされるが、江戸初期に焼失、写し十六巻が伝わるのみ）。

更に、鴨長明（一一五五～一二一六）の『四季物語』や、吉田兼好（一二八三～一三五二）の『徒然草』などが続く。なかでも『四季物語』には、初めて「松と竹」の組み合わせが登場する。ゆづり葉や羊歯《しだ》なども取りそろえ、現在の正月飾りに近づいてくる。「ゆづり葉」は、新しい葉が出てから旧い葉が落ちることから、親子相続がうまくいくことの象徴として使われたのである。

明日の為とて松竹にしりくめのなは（尻久米縄＝注連縄）取そろへ　ゆづりは（杠葉＝譲り葉）しだ（羊歯）など家を葺き侍る御門《みかど》公卿の家はつらなり　いひしらぬ民のすみかふせや（住処伏屋）までも　なにくれとことせはきにとりそろへて

（『四季物語』巻十二）

しかし、「竹」は定着しなかったらしく、『徒然草』では再び「松」だけに戻る。

かくて明け行く空のけしき、昨日にかはりたりとは見えねど、引きかへてめづらしきここちぞする大路のさま、松たて渡して花やかにうれしげなるこそ、又あはれなれ。

（『徒然草』）

門松に「竹」が定着するのは、室町時代のようである。室町時代後期に書かれた問答集『世諺問答《せいげんもんどう》』は、「正月」の頃に、既に竹が定着している様を記している。

図２　門松之図（土佐光長書画　年中行事朝観行幸）

問て云　朔日より、しづが家ゐに門の松とてたて(立て)侍るは、いつごろよりはじまれる事ぞや。
答　いつころとはたしかに申しがたし。門の松たつる事はむかしよりありきたれる事なるべし。(中略)松は千とせをちぎり、竹はよろづ代をかぎる草木なれば、としのはじめのいわひ事にたて侍るべし。またしだ(羊歯)ゆづり葉は、深山《みやま》にありて雪、露、霜にもしほれ(萎れ)ぬ物なれば、しめ縄にかざりて同じくひき(敷)侍るにや。しめ縄といふ物は、左縄によりて、縄のはしをそろへぬ物也。左は清浄なるいはれ也。端を揃へぬは、すなほなる心なり。さればあまてるおほん神(天照大神)の天の磐戸を出で給ひし時、しりくめ縄とてひかれたるは、今のしめ縄也。浄不浄をわかつによりて、神事の時は必ひく(敷く)事に侍り。賤が家ゐにひく事も、正月の神をいはひまつる(祝ひ祀る)心だてなるべし。
(『世諺問答』)

「しづが家ゐに門の松」とあるように、身分の低い家でも門松を立てるようになった時期について質問しているのである。はっきりとはわからないが昔からである、と答えている。さらに、門松を構成する要素に、当然のように竹を加えている。室町後期には定着していた様子がこれで知れる。また羊歯や杠葉《ゆずりは》・注連縄についても述べている。
この頃までは未だ武家が門松を立てることはなかったようである。武家が門松を立てるようになったのは、『古今要覧稿』が天正年間(一五七三～九二)頃とされる。

武家に(門松を)行はるゝ事は、鎌倉室町両将軍家には所見なし。天正の前後羽尾記、嘉良記《(ママ)》随筆等にみえたり。西土にても正月元日、松標高戸といふ事は、李唐の代にみえたり〔歳華紀麗〕。
(『古今要覧稿』時令)

『羽尾記』という資料がある。これは『鹿沢記（加沢記）』の附として収められている。『鹿沢記』は江戸時代中頃に、沼田藩士加沢平次左衛門による覚書で、真田氏と上野国に関する史書となっているが、そこにおもしろい記事が載っている。長いので門松に関する部分の要旨をまとめると、左記の通り。

天正頃の上州吾妻郡羽尾に海野能登守という、武勇に優れた男が住んでいた。それを聞いた岩槻城代斎藤摂津守は客分として迎え入れ、城内に屋敷を与えた。そこで数年過ごしたが、ある年の大晦日に愛妾が死んでしまった。そこで能登守は愛妾の亡骸を寺へ納めようと従僕に送らせた所、城の大手門に門松が立っており、不浄のものは通せぬと言い張った。それを聞いた能登守は激怒し、「門松がなければいいのだろう」と、門松を散々に壊した。

（『羽尾記』）

門松を壊すとは、何ともすさまじいが、天正年間に門松があったことの証にはなる。

江戸中期の『嘉良喜《からき》随筆』は、「好学の著者が心の赴くままに先人の著作随筆を抄写したもので、随筆と云うよりは雑録と称する方が適当ではあるまいか」と解説にある書だが、これに禁中（天皇）が門松を飾らないことが書いてある。

禁中ニ正月ニカザリヲスル事ナシ。是ハ常位神事清浄故ニ改ムルニ不レ及ノ義也。

（『嘉良喜随筆』）

『倭訓栞《わくんのしおり》』は、谷川士清《ことすが》（一七〇九〜七六）による一大国語辞典であるが、完成には没後の安永六年（一七七七）から明治二十年（一八八七）まで、百十年かかった。全九十三巻の中に、以下のような門松に関する記述もある。

ここでは、日本だけでなく大陸の書籍からも引用して次のように解説を加えている。

かどまつ　正月門ごとに松竹など立て祝ふを、門松と称せり。門神の祀なるべし。徒然草に、大路に松立わたしと見えたり。
全浙兵制、我邦正月の事に、以二松柏一挿レ門、乃取二長春之好一といへり。（藤原）為尹《ためまさ》歌に、今朝はまた都の手ぶり引かへて千色の始めしづが門松。歳華紀麗に、元日松標二高戸一とも。董勛問禮に、繫二松枝于戸一とも。風俗記に、正旦楚人上二松柏類一ともいへり。其意近し。今福閩《ふくびん》の間、正月門戸に松竹を飾り立るは、国姓爺より始るよし、西川氏の書に見えたり
○禁中幷に堂上には、門松をかざる事なし、諸家中に注連をひく事あり。
（『倭訓栞』前編六「加」）


「日本では正月に松柏を門に挿す。これは長春の行事を取り入れた」、『歳華紀麗』には「元日は松を戸の上に挿す」『董勛問禮』には、「松の枝を家々に挿し並べる」、『風俗記』には「楚の人は松柏類を高く掲げる」とし、皆同じような意味である、としている。

ついで、今（『倭訓栞』が書かれた頃）、福閩《ふくびん》で門戸に松竹（門松）を飾るようになったのは、国性爺からという伝聞を西川氏が著書に見えるとし、さらに禁中（天皇および皇居）や堂上（殿上人＝清涼殿に上がれる人）は、門松をかざる事はないが、諸家（地下および地下人＝清涼殿に上がれない官人）の中には注連を飾る家もある、と記す。

ここに記す「福閩」は、現在の中国福建省。「国性爺」（本名鄭成功、一六二四～六二）は、同省出身の軍人で、明が

清に滅ぼされた後も「反清復明」を掲げ台湾を拠点に抵抗を続けた。『国性爺合戦』のモデルとなった人物である。「西川氏」は、西川如見のことであろう。

なお、文中の藤原為尹の歌（『世諺問答』所収）に見える「しづ（賤）が門松」や、文末の「〇禁中幷に堂上には、門松をかざる事なし」を根拠に、「門松は元来下層階級の風習であった」という説を唱える人もあるが、決してそのようなことはない。

前掲の『本朝無題詩』がいう「四墉」とは、周りを塀で囲まれた屋敷である。また『四季物語』が載せる「御門公卿の家」とは、御門《みかど》すなわち天皇および皇居のことであり、「公卿《くぎょう》」は太政大臣および左右大臣（三公）幷に大納言以下三位以上の朝官（卿）をいう。これ以上は上がない上層階級の屋敷ばかりである。あるいは『徒然草』が載す、門松が都大路を埋め尽くしている様は公卿屋敷が建ち並んでいる景観景色である。

したがって、鎌倉時代までは天皇・公卿家とも門松を飾っていた。しかし室町時代には、飾らなくなった。現在、皇居では門松を飾らないことは事実だが、堂上家だった冷泉家では昔から今に至るまで飾り続けている。

通常、文化は上層から下層へ伝搬することがほとんどである。門松についても、神の依り代である「賢木（榊）」であったのがそもそもである。常緑樹である松へ換わっても意味は変わらず、民間へも拡がり「賤の家」でも飾るようになったと考えるのが自然の流れである。反面、下層階級が真似るようになると上層階級はやめてしまうこともある。皇居で門松を飾らなくなったのは、「賤の家」で門松を飾るようになった室町期以降と推察する。

近世の門松

徳川時代に入ると、幕府自身が「触書集成《ふれがき》」編纂事業を始めるので記録がぐっと増える。その始まりは、寛保二年

（一七四二）に老中松平乗邑が、大目付や目付、表右筆組頭に対して幕府創設以来の触書書抜を評定所御定書御用への提出を求めたことに始まる。慶長二十年（一六一五）から寛保三年（一七四三）までの百二十九年間に出された触書等のうち、三千五百五十通を主題ごとに分類し整理した上で、延享元年（一七四四）に完成、将軍へ提出された。これに門松に関する触書も載せてある。

慶安元子年十二月
一正月之門松、十五日迄置可レ申事
（『御触書寛保集成』二八八六番）

慶安元年（一六四八）に、門松は十五日まで飾るように触書を出したが、十四年後の寛文二年（一六六二）には、七日の朝取り除くよう命じている（『御触書寛保集成』には記載されていないが、『守貞謾稿』に掲載）。

寛文二年寅正月六日
町触に松かざり明七日朝取可レ申事
（『嬉遊笑覧』十二「草木」）

これが現在まで東京で続いているのである。当初は中々守られなかったらしく、寛文十年正月にも再度出されたようである（『嬉遊笑覧』）。加えて宝永三年（一七〇六）には、来年から商賈（商家）の門松は、大きなものを立てるな、小さいものに変更しろとまで、干渉している。

宝永三戌年十一月
一門松例年大ク有レ之間、来正月より小キ松を立可レ申候　大キなる門松堅商売仕間鋪旨　町中可二相触一候、以上
（『御触書寛保集成』二九〇九番）

延宝四年（一六七六）の序（林鵞峰）をもつ、京都を中心とする年中行事を解説した黒川道祐の『日次紀事《ひなみきじ》』に、次のようにある。

（十二月）此月市中、（中略）又村婦載二飾藁於頭上一、高声売二市中一、飾藁是代二葦索一而所レ用レ之也、山人売二稚松翠竹一、松称二子日松一、竹謂二飾竹一、松竹各一双建二門外之左右一、別以二竹一隻一横二左右松竹之間一、人往二来于其間一、
（『日次紀事』十二「十二月」）

十二月になると村婦人が、頭上に飾り藁（注連飾り）を載せて、声高に売り歩く。（中略）また山人は門松用の松と竹を売りに来る。この松を「子《ね》（根）の日松」といい、竹を「飾り竹」という（京都では現在も根付きの松を飾る家もあるが、子（鼠）は子宝に恵まれることの象徴として、木の根（子）もまたたくさん出ることから、同じ意味合いのようである）。松と竹を各々一本ずつ門外の左右へ立て、別の竹を左右の松と竹の間に渡し、その下を人が行き来できるようにすると。

（正月）元日　門松飾藁〔凡新年之賀儀、各有二方土之異一、或有二一家之例一、其式様不レ一、惟家内之葦索并門前之

松竹者、夏夷共同レ之、倭俗正月門前、左右各建二松一株竹一竿一、上横二竹両竿一、其外面挿二昆布果実等物一、名称二門松一、蓋孟春之月祀レ戸之義乎、」

（『日次紀事』一「正月」）

ここでは正月の門松等が飾られた様を記しているが、横に渡す竹を二本としている。

もともと大名屋敷の門松は、京都の門松を拡大したものである。飾り方は「本飾り」とか「七つ飾り」と呼ばれていた。一丈（約三m）あまりの松を芯として、三本ないし五本、あるいは七本の葉付き竹を添え、新縄で三か所を上から七・五・三の順に結ぶ。これを左右に立て、裾には二つ割りにした松薪《たきぎ》を並べ、縄で巻き上げる。その根方を巡るように綱縄を一重《ひとえ》の輪にしておく。その輪の中へ清砂《きよすな》を盛り上げ周りを松薪で堅める。その後、枝付きの小竹を左右の松の上方へ、鳥居形になるように渡す。この竹を俗に「簪《かんざし》」と呼んだ。また竹には必ず、注連縄《しめなわ》をかけた。これも俗称して「前垂れ」と呼んだ。注連縄の中央には、海老や香橙《だいだい》などを飾り付けるのが普通であるが、串柿《くしがき》や杠《ゆずり》葉《は》・炭《すみ》などもある（前掲図1）。

ほかには、「巣《す》籠《ごもり》」という飾り方があった。これは竹を用いずに、数十本の小松を束ねて左右に立て、地上に太縄を輪状に置いて砂を盛るのである。

なお、江戸城内に限らず徳川家の門松は、全ての竹の葉を取り除いた。その由来は、三方ヶ原の戦いで家康が武田信玄に負けたことに端を発しているという。三方ヶ原の戦いで家康が負けた直後の新年に、信玄から一通の文が届いた。それには門松を詠み込んだ次の歌が添えられていた。

図3　全ての竹の葉を取り除いた江戸城内の門松（『徳川盛世録』）

図4　江戸城内玄関に立つ門松（『風俗画報』1号）

松枯れて　竹たぐひなき　あしたかな

松（松平＝家康）は枯れ（滅び）、竹（武田）は安泰（類《たぐひ》ない）、ということである。これに怒った家康は、左記のように読み替えて返書したとされる。

松枯れで　武田首なき　あしたかな

松は枯れずに武田の首が飛ぶ明日である。嘘かマコトか、この逸話によって、江戸城内を含む徳川家の門松は、全ての竹の葉を取り除いた門松を飾るようになったとされる（図3・4）。

また町人家の門松は、『日次紀事』が述べるような形をしているが（図5）、こちらは大名門松を真似たといえる。

図5　町人家の門松（『風俗画報』1号）

大名屋敷の変わり門松

徳川家が自家の伝承を取り入れたように、諸大名家の門松も、お互いが由来を述べ特色を競い合っていた。とりわけ丸の内に建ち並ぶ大名屋敷では、他藩を意識した門松が妍を競っていた。その様を振り返って次のように『風俗画報』が載せる。

伊藤元延氏より門松の考へを送られたり。其記事中に、

旧幕の盛時、江戸諸侯邸の門前には、門松の餝方に銘々定例あり。其領地より納む中に、其異様なるものは、佐賀侯の鼓《つづみ》の胴《どう》、久保田侯の人餝《ひとかざり》。是れは門松に代るに人を立しむ。松の内毎日交代す。綾部侯の札、是は松餝の中央に木札を釣れり。其文に、蘇民将来子孫之門《そみんしようらいしそんのもん》とあり。諺に、此札を取得し者は、其歳運吉《そのとしうんよ》しとし、衆競て之を取る。故に該家より、毎朝一枚を釣る。釣れば必ず亦取る。午後に至りて果して在ることを見ず。俗、之を九鬼の札と称せり。その他或は大材巨竹を以てして、或は裾縄《すそなわ》のかがり等、種々功を尽す。故に当時の婦女子等、門前餝見物に出づる者多し。

（『風俗画報』四九号）

佐賀侯（鍋島藩主）の門松・鼓の胴は、当時から著名であり、広重の「名所江戸百景」にも描かれたほどである（図6）。現在も復元された佐賀城本丸御殿玄関の軒先を飾っている（図7）。

より近くで見聞した『風俗画報』では、久保田侯（秋田藩主佐竹家）の人餝りは、松の代わりに人間が毎日交代で立ったという。また、綾部侯（綾部藩主九鬼家）では注連飾りに「蘇民将来子孫之門」と書かれた木札を附けていたが、この札を取る者はその歳の運が吉《よ》いといわれ、「午後まであることはなかった」と述べている。三田村鳶魚の『江戸の

春秋』にも「夕方屋敷の門扉が閉まると、皆競ってこの札を取った」と書いている。それ以外にも、大材巨竹で作ったものや門松を固定する裾縄のかがりに工夫を凝らしたりと、いろいろなものがあり、婦女子たちは門松の飾り見物に出かける者がたくさんいた、と記す。

また平戸藩の松浦家では、松の代わりに椎の木を飾った。だから世間では「椎木松浦」と言いはやしていた。松浦静山の『甲子夜話』によると、その由来と概要は左記のようである（概要）。

松浦家第二十三世肥前守の時である。延徳三年（一四九一）九月、新たに領地となった御厨荘へ巡検に行った際、同国高来郡を領有していた有馬氏の襲撃を受けた。急ぎ引き返して応戦したが、海陸とも敵に囲まれ本城へ帰ることができなかった。仕方なく箕坪城に立てこもることとなった。しかし、籠城が百日にもなると武器弾薬に加え食糧も尽きてきた。そこでやむを得ず十二月、城を出て周防の大内氏の領国となっていた筑前へ奔り、大内氏へ援兵を依頼した。この年は、主従とも箱崎の金胎寺に身を寄せたまま歳末を迎えた。たとえ寓居とはいえ、新年

図6　佐賀藩鍋島家の門松・鼓の胴（「名所江戸百景」「山下」より）

図7　現在も佐賀城本丸御殿の玄関先を飾る「鼓の胴」

を迎える吉例は欠かしたくはない。そう思って門松を立てようとしたが、箱崎八幡境内は松を神木としているため、切り折ることを禁じていた。そこで従臣遠藤安芸忠胤の計らいで、椎の枝を門に挟んで目出度く新年を迎えることができた。明応元年(一四九二)のことである。本城平戸から臣士が駆けつけ、また大内の援軍も来たため、難なく敵を追い散らし、平戸へ帰り着くことができた。この時の椎の木を、再興の吉兆として家例に伝え後々まで伝えているのである。

現在も大名門松の形態を踏襲しているのが、千葉県にある成田山新勝寺(成田不動尊)である。詳細に見れば違いも多々あるが、全体の雰囲気は踏襲しているようである(図8)。

ほかにもまだあるかと思うが、現在も昔のままを踏襲しているのは、佐賀藩の「鼓の胴」位かも知れない。ほかは現在型の門松を示してまことしやかな定説に仕立てているものばかりである。代表例として徳川将軍家の門松を挙げておく。

話は、先ほど示した三方ヶ原の戦いに遡る。生涯で唯一戦いに負けた家康は、その悔しさを表すために、信玄の首の代わりに寸胴門松の竹を一刀のもとに斬り落とした。以来徳川家の門松は削ぎ竹を使うようになったと。現在の門松を示しながら解説しているものばかりである。

最初に示したように、大名家や徳川家で、現在と同じ門松を使った例は知らない。『徳川盛世録』や『風俗画報』に限らず、『江戸名所図会』や『東都歳事記』等の挿絵を見ても、現在のような形をした門松は、どこにも見当たらない。

江戸時代にも現在に近い門松もあるにはあったが、少なくとも大名屋敷に使用した例は見あたらない。ほかの大名

図８　成田山新勝寺（成田不動尊）の門松

図９　削竹門松（銀座にて）

図10　寸胴門松
（日本橋にて）

門松よりも貧相に見えることを承知で、竹の葉を全部落とすことにこだわっていたのである。それでも基本的な形は、大名型を踏襲していた。

現在東京都内で見る門松は、全国的に見られる「削竹《そぎだけ》」を使用したもの（図９）と、ローカル趣味の「寸胴《ずんどう》竹」（図10）の二種類ある。寸胴門松は、商店や銀行、芝居小屋など、お客商売をしているものに多いとされる。なかでも老舗の集まる銀座や日本橋の門松は、圧倒的に寸胴型である。しかし、高島屋やユニクロなど、東京以外を発祥とする商店は、一般的な削竹型を使用している。そんな中で京都を発祥とする鳩居堂は寸胴を使っていたので確認したら「東京鳩居堂」と系列ではあっても別会社扱いであった。

【参考文献】

『徳川盛世録』 市岡正一著、明治二十二年(一八八九)、和装活版刷(全二冊)刊。平凡社東洋文庫。

『風俗画報』 明治二十二年(一八八九)から大正五年(一九一六)まで、東陽堂から刊行されたわが国最初のグラフ誌であり、江戸から大正にかけての世相・風俗等紹介雑誌、全五百十八冊。

『年中行事絵巻』 前出

『堀河百首』 堀河天皇(一〇八六〜一一〇七)のとき、当時の著名歌人の和歌百首を歌題ごとに分類編纂した(組題百首)和歌集。

『四季物語』 鴨長明(一一五三〜一二一六)作(但し『徒然草』の影響を受けたとする偽書説も根強い)。

『徒然草』 鎌倉後期の随筆、卜部(吉田)兼好作。清少納言『枕草子』および鴨長明『方丈記』と並び、日本三大随筆の一つとされる。『徒然草』は最晩年まで書き継がれたとされるが、書き始めの時期については諸説あって定まらず。

『世諺問答』 室町後期、一条兼良(一四〇二〜八一)作、一条兼冬(一五二九〜五四)補、全三巻三冊、寛文三年(一六六三)、寺町誓願寺前(京都)安田十兵衛刊。

『古今要覧稿』 屋代弘賢編、五百六十巻。文政四年(一八二一)幕命により全千巻の予定で編纂開始、天保十三年(一八四二)までに五百六十巻を終えたが、前年に弘賢が死去したため中断。明治三十八年から四十年(一九〇五〜〇七)にかけて刊行された。

『羽尾記』 加澤平左衛門遺着『加澤記附羽尾記』として、大正十四年(一九二五)、上毛郷土史研究会刊。国立国会図書館デジタルコレクション蔵。

『嘉良喜随筆』 山口幸充作、江戸中期、内閣文庫蔵、昭和五十一年(一九七六)、『日本随筆大成第一期第二一巻』所収、吉川弘文館刊。

『御触書寛保集成』　八代将軍吉宗の命により編纂、元和元～寛保三年（一六一五～一七四三）まで収載、延享元年（一七四四）完成、全五十巻。

『嬉遊笑覧』　江戸後期の風俗考証百科事典、喜多村筠庭（節信）作、文政十三年（一八三〇）刊、全十二巻付録一巻。

『守貞謾稿』　前出

『日次紀事』　黒川道祐編、延宝四年（一六七六）林鵞峰序、十二巻十二冊、江戸前期京都を中心とする年中行事を月ごと日順に行事の由来現況等を解説。

『甲子夜話』　肥前平戸藩主松浦静山随筆、文政四年辛巳（一八二一）十一月甲子（十七日）の夜起稿、二十年書き続けたが未完。活字版は国書刊行会や、平凡社・東洋文庫版、および『未完甲子夜話』（有光書房）がある。

「お大名の松飾」　三田村鳶魚『江戸の春秋』（『三田村鳶魚全集』九巻、中央公論社刊）。

酉の市
―熊手のルーツはお芋ちゃん―

現在の酉の市

東京に木枯らしが吹くようになると、「酉《とり》の市《いち》」の季節である。「酉の市」は十一月中の酉の日に開かれる。酉の日は十二日毎に訪れるから、一か月の間に、二回ないし三回めぐってくる勘定になる。三回ある年は火事が多いと言われたりするが、現在では例年と変わらないそうである。

しかし、消防設備の整っていない江戸時代は違った。祭りが増えれば、提灯に火を点《とも》す機会も増える。今のように電気の明かりはないので、提灯の明かりはすべて蠟燭《ろうそく》の灯《あか》りであった。風の強い日に火を点せば、火事の危険も増したであろう。酉の市が三回ある年は火事が多いと言われるようになったのも、そんな事情があったからと思える。

明治三十八年(一九〇五)に刊行された『江戸府内　絵本風俗往来』も「三回ある年は火災多しとなり」と書いている。延焼を防ぐために、風下の建物を壊す破壊消防しかなかった江戸時代に比べれば、いくぶん進化はしても、現在からみれば、ずいぶんお粗末であった明治の消防設備では、江戸以来の華(火事)は十分防げなかったからであろう。

提灯の明かりがすべて電気になった現在では、火事の危険もなく盛大に行われている。浅草鷲《おおとり》神社をはじめ、目黒の大鳥《おおとり》神社、新宿花園《はなぞの》神社では、歩くのも難しいほど人が溢れている。なかでも新宿花園神社では、酉の市が立つ日に限り、この国に残る最後の「見世物小屋」が出ることでも知られている。

見たり聞いたりは知識の交換、百聞は一見にしかずと申します。折角お出かけになったのですから、お時間のある方は見て下さい。白い着物を着た、髪の毛の長い女が面白い。山から山、谷から谷と、深山幽谷《しんざんゆうこく》駆《か》け巡《めぐ》り、ありとあらゆる獣《けだもの》と闘いながら、如何なる悪食《あくじき》を重ねておったか、好きで食べているのか、一匹《いっぴき》、二匹《にひき》、三匹《さんびき》と、蛇を捕まえては喜ぶ姿を見て下さい。

（見世物口上より）

ご存じ、蛇女《へびおんな》の口上《こうじょう》の一節である。最後の見世物小屋と言うことで、最近は固定ファンが押しかけ、すぐ一杯になる。だから、「今度見よう、何時か見ようでは間に合いません」との口上に釣られたわけではないが、いずれ訪れるであろうXデーを見届けたいと、皆必死で通い詰めているのである。

酉の市のはじまり—土師から鷲へ—

現在は、それほどに賑わっている「酉の市」だが、いつ頃から行われるようになったかというと、実はよくわからない。江戸・東京の歴史に関する資料を年代順に整理・編集した史料集『東京市史稿』（明治四十四年〈一九一一〉～現在）は、酉の市発祥地とされる「花亦《はなまた》の鷲《わし》明神社」について、次のように書いている。

花亦〔足立区花畑町〕ノ鷲明神社ノ縁起ハ応徳二年乙丑〔紀元一七四五年〕。（中略）従ッテ、応徳ノ創祀ハ疑フ可キモ、是亦江戸開府前ノ一旧祠ナラン。果タシテ然ルカ。

（『東京市史稿』市街編）

つまり、「おおとり神社」発祥地とされる花亦（足立区花畑町）の鷲大明神社（図1、現大鷲神社）は、応徳二年（一〇八

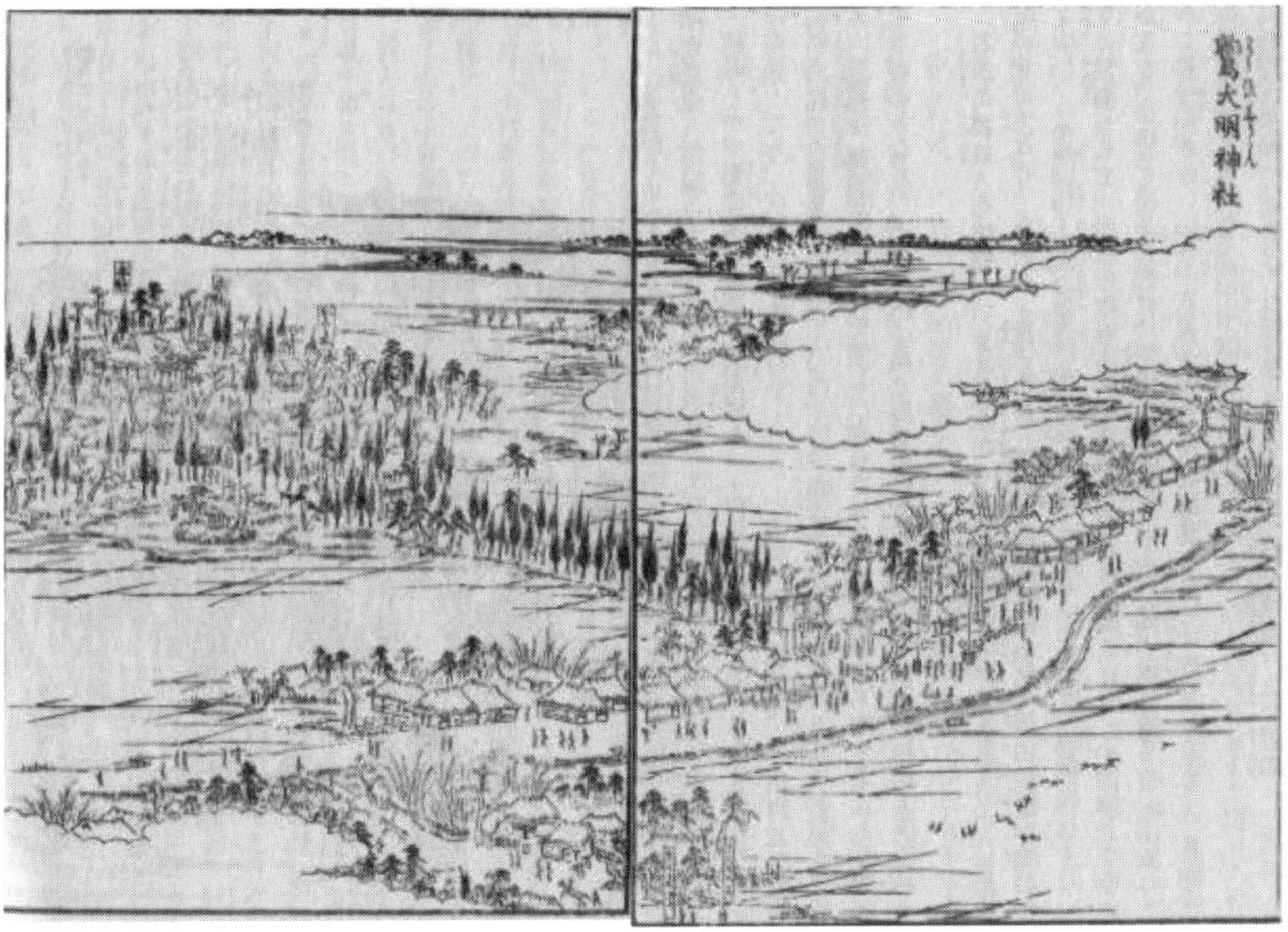

図１　鷲大明神社（現大鷲神社）（『江戸名所図会』より）

五年。一七四五年は皇紀）に創建されたことになっているが疑わしい。江戸に幕府が開かれる（慶長八年〈一六〇三〉）以前からあったかも知れないが、本当はどうだったのであろうか、と神社の創建伝説そのものに疑問を呈している。そのうえで、各種史料を年代順に紹介しているから、「おおとり神社」や「酉の市」の変遷を時系列で辿ることができる。それらの史料や原史料によると、「酉の市」の始まりから現在までの流れは次のようであることが判明した。

「酉の市」を主催する「鷲《わし》明神」は、元来「土師《はじ》」（陶工）の先祖を祀る「土師明神」であった。旧仮名遣いの場合、「はじ」の濁点を省略して「はし」と書くことは普通に行われる。また読み手の判断で、「はし」を「わし」と読ませることもある。土師を旧仮名で「はし」と書いたため、「わし」と読まれたのがそもそもの始まりである。これに「鷲」という漢字を当てたことから、「鷲＝鳥＝酉」と連想変換し、「酉の日」を祭日にしたのである。考証随筆家・山崎美成《やまさきよししげ》（一七九六〜一八五六）は、『海録《かいろく》』（文政三〜天保八年〈一八二〇〜三七〉執筆）の中で、「酉の市」および「鷲大明神」について初めて考証している。

十一月酉の日をとりのまちとて、千住の駅を過ぎ、花亦村といへるに鷲大明神といへる社へ参詣あり。この酉の待といへるを按ふに、月待、日待、庚申待などに例していはば、鳥祭なるべし。そは鷲大明神といへるによるべし。さてこの鷲大明神といへる神号さへ、もと訛りいひ来りし也。これは曾て土師の社とて、陶工の祖師をいつき祭れる社也。はじを転訛してわしと唱、なほ文字に写して鷲と書しより、酉の日をもて祭日となしたる也。

（『海録』）

つまり、以下のように述べる。十一月酉の日を「とりのまち（酉の待ち）」といって、花亦村《はなまた》の鷲大明神へ参詣する習わしがある。酉の待ちの「待ち」は、月待ち・日待ち・庚申待ちと同じ意味だから、「鳥祭《とりまち》」の意味である。鷲大明神が鳥を祀ることに由来している。それは、この鷲大明神の神号自体が訛り伝えられたものなのである。即ち「わし明神」は、元来「はじ（土師）明神」として、陶工の先祖を祀る社《やしろ》であった。「はじ」が「わし」へ転訛した後、「鷲」という漢字を当てたため（「鷲＝鳥＝酉」へと連想変換し）、「酉の日」を祭日にしたのである、と。

この「はじ」から「わし」への転訛については、『江戸名所図会』（天保五〜七年〈一八三四〜三六〉刊）も述べている。

按ずるに、当社鷲大明神は土師《はじ》大明神なるべし。「は」と「わ」の仮字《かな》の転ぜしより、謬《あやま》り来たれるか。

（『江戸名所図会』）

酉の市の縁起物―芋から熊手へ―

現在では「酉の市」に「熊手」は欠かせない。しかし、これが現れるのは思いのほか新しく、幕末近くであり、それ以前は「芋《いも》」であった。「鷲明神」を載せる最古の史料である『江戸砂子《すなご》』（享保十七年〈一七三二〉刊）は、左記のように、「市で芋かしら（頭）を売る」とだけ記す。なお、「鷲明神」は「鶏明神」とも書いたようである。タイトルは「鷲」だが本文は「鶏」になっている。

鷲明神
鶏大明神、花又村にあり。毎年酉の日市立。三ツある時ハ三日共に市也。上の酉を専にす。近在より集いてはんしやうの市也。当社神事の心也と。当所の者鳥類食す事ならす。庭鳥を食へば即死といふ。
補　世俗十一月の市を酉の町といふ。江戸よりも参詣夥し。市にて芋かしらを売也。
（『江戸砂子』）

同じ頃刊行された『再板増補　江戸惣鹿子《そうがのこ》名所大全』（寛延四年〈一七五一〉刊）は、『江戸砂子』とは逆に「鶏大明神」と書き、補完的に「鷲大明神とも云」と記している。「とり」でさえあれば、どちらでもよかったのであろう。

鶏大明神　　花又村ニ在。
別当　惣持寺末　真言正覚院
鷲大明神とも云。
（『江戸惣鹿子』）

正式名称として「鷲《わし》大明神」が定着するのは寛政年間のようである。寛政六年（一七九四）の序がある地誌『四神地《ししんち》名録《めいろく》』写本は、「鷲大明神と号せる小社有り」と記す。同時に、「土人（＝土地の人）、鳥の宮ともいふ」ともあるように、地元ではなお「鳥の宮」と呼んでいたようである。これにも、「唐の芋を売る」としている。

華亦村。鷲大明神と号せる小社有り（土人、鳥の宮ともいふ）。（中略）霜月酉の日には、江戸中貴賤となく、おひたたしく参詣群衆せる事にて、名物とて唐の芋を売ると云。

（『四神地名録』）

現在のように「熊手」が現れるのは天保時代（一八三〇〜四四）になってからだが、『江戸名所図会』には記載がなく、二年後に刊行された『東都歳事記』（天保九年〈一八三八〉刊）が最初である。また、下谷田圃（浅草）の「鷲明神」について述べてあるのも、『東都歳事記』からである。同書は「酉《とり》の市《いち》」について次のように書く。

酉《とり》の祭《まち》（酉のまちは、酉のまつりの縮語なり。酉の町と書くるは拠なし。又酉の市ともいふ。二の酉三の酉ともに参詣あり。両所ともに開運の守護神なりといふ）

葛西花又村鷲大明神社（別当正覚院。世俗大とりといふ。参詣のもの鶏を納む。祭り終わりて浅草寺観世音の堂前に放つ。境内にて、竹把《くまで》、粟餅《あわもち》、芋魁《いもがしら》を售《あきな》ふ）

下谷田圃《たんぼ》鷲大明神社（別当長国寺。世俗しん鳥といふ。今日開帳あり。近来参詣群集する事夥し。当社の賑へる事は、今天保壬辰より五十余年以前よりの事とぞ。粟餅、いもがしらを商ふ事、葛西に同じ。熊手はわきて大なるを商ふ。中古は青竹の茶筅を鬻《ひさぎ》しといふ）（図2左）

（『東都歳事記』冬之部）

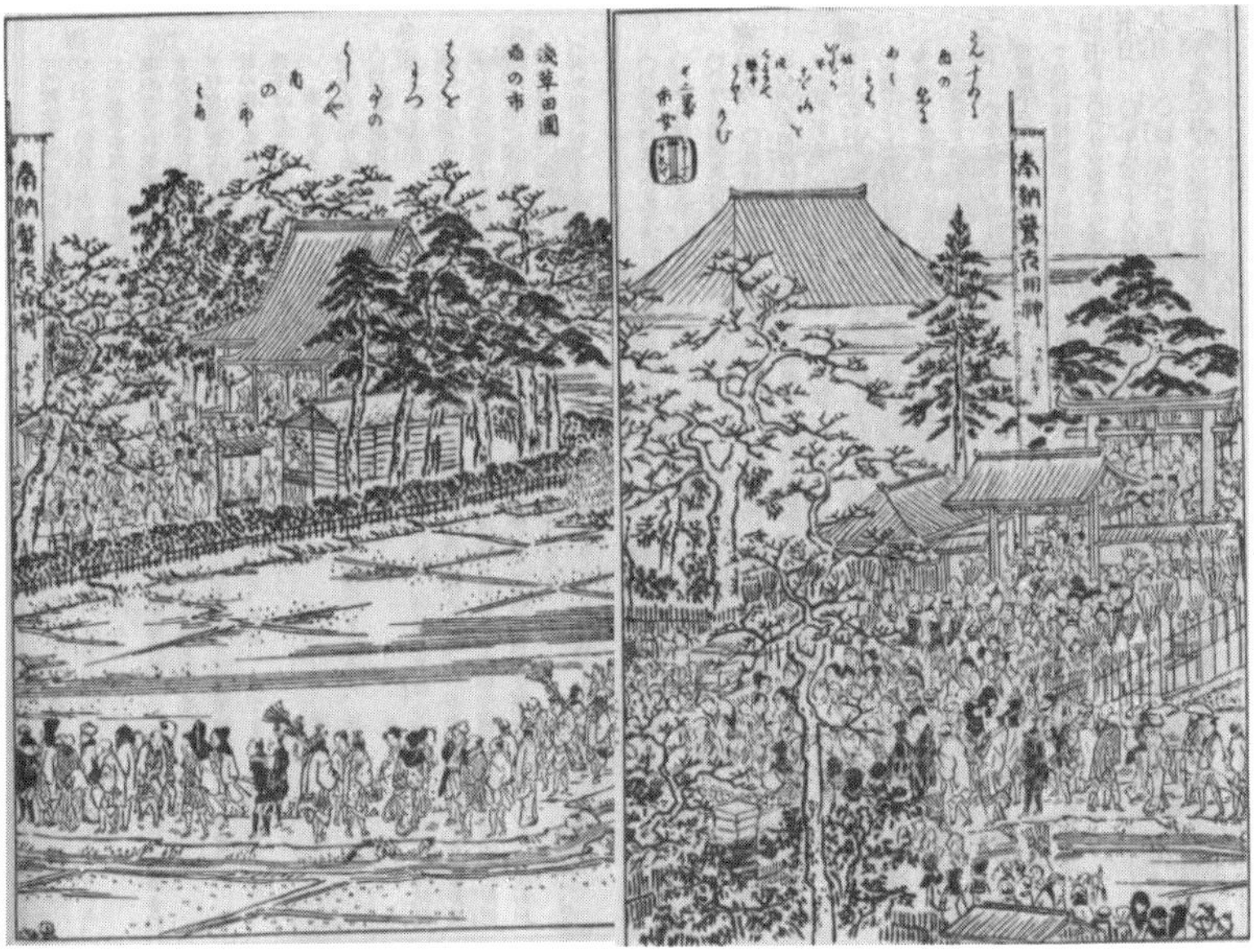

図２　浅草田圃　酉の市（『東都歳事記』より）

すなわち、『東都歳事記』は次のように記すのである。

「酉の市」の別称を「酉の祭《まち》」と言うのは、「酉の町《まち》」を洒落て言うと思っている人がいるが、それは間違い。正しくは「酉の祭《まつり》」を略したものである。著名な神社として二社（葛西花又村の鷲大明神社《わしだいみょうじんしゃ》〈通称「大とり」＝大鳥〉と、下谷《したや》田圃《たんぼ》の鷲大明神社《わしだいみょうじんしゃ》〈通称「しん鳥」＝新鳥〉）がある。共に開運の守護神を祀る神社として知られておる、と。

そして続けて、葛西花又村の鷲大明神社を「大《おお》とり」という。これは、曾祖父母を「大祖父《おおじい》、大祖母《おおばあ》」と呼ぶように、年長者への敬意を込めた言葉であり、したがって、花又の鷲明神社（大鳥）は親であり、下谷の鷲明神（新鳥）は子供（分社）である、といっているのである。当時、花又村の鷲明神へ参詣する者は、生きた鶏を奉納する習わしがあった（「酉の市（祭）」が終わると、奉納された鶏を浅草寺境内へ放した。これを「放し鶏」と呼んだが、浅草寺には放たれた鶏を収納する小屋が作られてあった）。また、鷲大明神社（大鳥）の境内では「竹把《くまで》（熊手）」や「粟餅《あわもち》」「芋魁《いもがしら》」を売っていた。

下谷田園の鷲大明神社を「新とり」という。当社が賑わうようになったのは天保壬辰（三年〈一八三二〉）から見て、五十年ぐらい前からであると言われている。ここでも花又同様、「粟餅」や「いもがしら」を商っていた。「熊手」は特別に大きなものを商っていたが、元は「青竹製の茶筅《ちゃせん》」であった。

ここで紹介されているような酉の市で売っていた縁起物は、それぞれ左記のいわれをもつという。鷲が獲物を鷲摑《わしづか》みする爪を模したのが「竹把《くまで》（熊手）」といわれ、「福を鷲摑《わしづか》みする、かき集める」という意味が込められている。「粟《あわ》餅《もち》」は、色合いから「黄金餅《こがねもち》＝小金持ち」になる願い。「芋魁《いもがしら》（頭）」は、芋は子芋《こいも》をたくさんつけることから、子宝に恵まれ、同時にたくさんの部下を持つ頭になることを願う縁起物。

不思議なことに『江戸名所図会』は、下谷の鷲明神については全く触れていない。同じ著者が、二年後に刊行した『東都歳事記』で、「当社（下谷鷲明神）の賑へる事は、今天保壬辰（三年）より五十余年以前よりの事とぞ」とあるのも気になる。

「とぞ」とは、誰かがそう言っている程度のニュアンスだろうか（言外に「嘘つけっ」と言っているような気もする）。天保三年から五十年前というと天明（一七八一～八九）頃である。そんなに古くから賑わっていたのなら、諸書が全く取り上げないはずがない。「新鳥」の呼称と相まって、実際にはもっと新しく、『東都歳事記』の書かれた天保九年前後に、分祀か創建されたのだろう。だから、「新鳥」なのである。

しかし、いざ「酉の市」を始めてみると、地の利もあってたちまち本家をしのぐ賑わいを見せるようになったのである。『東都歳事記』が、「近来参詣群衆する事夥し」と述べるのも、本家を凌ぐ人気を得たからであろう。

一方、花又の鷲明神は、昔のままの伝統を続けていたようである。

当社（花又鷲明神）を世俗、浅草観音の奥の院と称す。これによつてこれを考ふるに、浅草寺縁起のうちに、土師《はじの》臣中知《おみなかとも》および檜前浜成《ひのくまのはまなり》・竹成《たけなり》といへる漁者《ぎよしや》主従三人の名を挙げたり。『日本紀《にほんぎ》』に、「垂仁《すいにん》天皇三十二年、野見《のみの》宿禰《すくね》にはじめて土師臣の姓を賜ふ」とあれば、この中知もその遠裔なるべし。（中略）また『続日本紀』に曰く。「檜前舎人直《ひのくまのとねりあたえ》由加麻呂《ゆかまろ》といへるは、むさしの国加美郡《かみごおり》の人にして、土師姓と祖を同じくす」とあれば、この浜成・竹成も武蔵国の人にして、主従三人ともに姓は土師なるべし。（中略）当社に毎歳十一月「酉の日祭り」あり。世に酉のまちといふ。まちは祭りの略語なり。この日、近郷の農民、家鶏《にわとり》を奉納す。翌る日納むるところの家鶏を、ことごとく浅草寺観音の堂前に放つを旧例とす。これまたよりどころあるか。なほ後人の考へを待つのみ。

（『江戸名所図会』）

世間では花又鷲明神は、浅草寺奥の院と呼んでいる。これは、「土師臣中知《はじのおみなかとも》」の開創縁起を伝える「浅草寺」と、元来「土師明神《はじみようじん》」である「鷲明神《わしみようじん》」は、共に土師氏が開創した。つまり浅草寺も鷲明神も、「土師《はじ》」が祀ったことに由来するのだろう、とする。

また、酉の市に奉納された鶏を、祭《まち》の終了後浅草寺へ放す（放し鶏）慣例がある。このことについては、「意味も由緒もわからない。後世の人の考えを待とう」と、自分の意見を述べず、全面的に後世の人に託している。

いかに託されようとも、現在放し鶏の風習は既にない。放された鶏の行方については大いに気になる。『江戸砂子』に、「庭鳥を食へば即ち死といふ」とあるように、鷲明神にいたときから鶏を食す事は禁じられていた。まして殺生を嫌う寺院で食したとも思えない。増えすぎて困ったのか、誰かがこっそり捕まえたか、今となっては確認のしようがない。

放し鶏の風習が止んだのは、明治元年（一八六八）の神仏混淆禁止令によってである。供給元の「鷲明神」は「大鷲神社」と改称し、浅草寺から独立した。結果、浅草寺へは鶏が寄付されなくなり、放し鶏の慣習もなくなった。

収穫祭から商業祭へ

当初参詣者へ販売していたのは「芋頭」であったように、「酉の市」はもともと収穫祭だったのではなかろうか。「粟餅」は米麦の補完食物として大切であったし、鶏は貴重なタンパク源である卵を産む。芋や粟と共に鶏を神へ献《ささ》げたのも、感謝の気持ちを表したものと思える。

『江戸名所図会』が、「世俗、浅草観音の奥の院と称す」と書き、鷲明神へ奉納された鶏を翌日には浅草寺へ放したのは、浅草寺を本寺としていたからである。『江戸砂子』に「庭鳥を食へば即ち死といふ」とあるのも、殺生を嫌う寺院（浅草寺）配下にあったからである。

そんな収穫祭であった「酉の市」が、商業祭に変化するのは、下谷田圃に鷲大明神（新鳥）が創建された天明年間以降、実際には『東都歳時記』の書かれた天保九年前後だろうと思う。田圃とは言いながらも、「吉原」や「芝居小屋（江戸三座）」に近かった下谷では、商業祭としての意味合いが強調されたことと思われる。その象徴が、「芋」や「粟」より、福（お金）をかき集める「熊手」になったものと思える。

【参考文献】

『江戸府内　絵本風俗往来』　菊池貴一郎（四代広重）著、明治三十八年（一九〇五）、東陽堂刊。当初は線装本上下二巻二冊。昭和四十年（一九六五）に青蛙房から洋装本で刊。

『東京市史稿』　明治三十四年（一九〇一）十月、「東京市政ニ関スル沿革史ヲ調査編纂スルノ議」が市参事会で可決、東京市沿革史編纂委員が設置、翌年度より作業開始。当初三か年計画であったが、日露戦争等の影響により予算縮小となり延期されたが、明治四十年には、概ね資料調査作業を終えた。その後、具体的な編集作業が始められ、脱稿したものから刊行されることとなった。昭和二十九年（一九五四）以降、令和三年（二〇二一）までほぼ毎年刊行中。

『海録』　山崎美成著、江戸考証百科。大正四年（一九一五）、国書刊行会刊。平成十一年（一九九九）、ゆまに書房復刊。

『江戸名所図会』　前出

『江戸砂子』　菊岡沾涼作、六巻六冊、享保十七年（一七三二）板。

『江戸惣鹿子』　藤田理兵衛作、貞享四年（一六八七）刊。京都の地誌『京羽二重』や『紫の一本』の影響を受けて刊行された江戸の地誌。『再板増補　江戸惣鹿子名所大全』は寛政四年（一七五一）刊。

『四神地名録』　江戸地誌、古川古松軒（一七二六～一八〇七）作、書写年不明。『江戸地誌叢書巻四』昭和五十一年（一九七六）、有峰書店刊。国立国会図書館ほか蔵。

『東都歳事記』　前出

佃島の盆踊り

京都本願寺の盂蘭盆

毎年のことだが、夏になるとどこにいても賑やかな太鼓や歌声が聞こえてくる。いわずとも知れる盆踊りの音色である。

盆踊りは元来、盂蘭盆の時期に先祖を慰める先祖供養の一環として踊られた。だから旧くからのものは、念仏踊りの面影を残している。東京でも、中央区の佃島に伝わる盆踊り(佃踊り)は、別名を念仏踊りと呼ばれるように、先祖供養として始まった。

図１　提灯

図２　精霊棚

踊り会場には、今でも「南无《(無)》阿弥陀仏」と書かれた提灯が飾られ(図1)、正面には精霊棚が建てられる(図2)。棚の真ん中には「無縁仏」と書かれた掛け軸が掛けられ、野菜を供える。棚の前には線香が山盛りに入れられた火鉢が置かれる。踊り手は初めに精霊棚へお参りしてから踊るのが習わしである。

天正十八年(一五九〇)、徳川家康が豊臣秀吉から江戸への移封を命じられた際、摂津国西成郡佃村(現大阪市西淀川区佃)の漁師一行へ荷物を運ばせた。そのときの漁師一行三三人(三四人説もあり)が、そのまま江戸へ移り住むことになった。当初は小石川網干坂・小網町等へ住んでいたが、正保二年(一六四五)に、隅田川河口の三角州百間(約一八〇メートル)四方を埋立て移ることとなった。引っ越すに当たり郷里「佃村」にちなんで「佃島」と名づけた。こうして佃島の歴史が始まった。

旧佃村の漁師たちは、全員が本願寺教団の門信徒であった。彼等が佃島へ集団移住してもそのことは変わらず、盂蘭盆には先祖の霊を慰めるための念仏踊りを行った。これが佃踊りの始まりである。

そもそも佃島の念仏踊りは、本山である京都本願寺(西本願寺)の「チンバ(びっこ)踊り」を移したと伝わる(但し、現在京都本願寺には、チンバ踊りは伝承されていないようである。なお「チンバ」は差別用語であるが、以下では歴史的用語としてそのまま使用する)。

佃島に伝わる「チンバ踊り」由来は左記の通りである。

藩政時代初期、石山某という坊様がいた頃のことである。門徒講が二分されて争い、一方の鈴木飛騨守が勝った。その勝ち名乗りの所作を踊りに表したのが佃踊りの初めである。そのとき、鈴木飛騨守の足が傷ついていたので、右足がチンバを引いた。その所作を盆踊りに取り入れたため「チンバ踊り」と云われるようになった。

また滋賀県(坂田郡伊吹町神津原)に伝わる「顕教踊」も、別名を「チンバ踊り」と呼び、似たような話を伝える。

大坂木津の合戦で傷を受けた長浜（滋賀県長浜市）出身の鈴木孫六という武士が、チンバで踊った所作を取り入れた。

（『佃島物語』その九）

鈴木飛驒守と鈴木孫六のモデルは、多分同じであろうが、名刀（孫六）よりも大名（飛驒守）の方が、如何にも偉そうである。何かと他人の褌で権威づけをはかる江戸っ子らしい名乗りである。その飛驒守は、「右手に軍扇、左手に槍を握り舞う形云々」と、踊り方にまで注文をつけている。『佃島物語』は続ける。

歴史的事実としては、天正年間（一五七三〜九二）織田信長が大坂石山本願寺攻略に際し、勅使を擁して開城を迫った時、城内で抗戦派・後退派と対立した。分裂派は四方へ散り、世に云う「一向一揆くずれ」となる。関東地方では、千葉県館山にも「雑賀くずれ」として漁民にこの踊り形体が伝承されている。大坂佃村出身である全島民は、当然本願寺信徒であることは云うまでもない。

（『佃島物語』その九）

わかったようなわからないような文章だが、佃島で実際に念仏踊りが行われるようになったのは、本願寺の築地移転に関わりがありそうである。

佃島へ

もともと横山町（現東京都中央区）にあった西本願寺（別院）だが、明暦の大火（三年〈一六五七〉「振袖火事」）によって丸焼けになった。加えて、焼け跡の寺地が幕府の区画整理事業対象地となったため、移転を余儀なくされた。替え地として当局（幕府）から示されたのが、八丁堀海上百間四方である。

これは海上であるから、ここに堂宇を建立するには海面を埋め立てなければならなかった。その時この埋立工事に奉仕したのが僧侶方や門信徒並びに佃島門徒であった。

（『築地本願寺遷座三百年史』）

埋立（築地）は順調に進み、翌明暦四年には仮本堂を建てるまでになった。なおも工事は続けられ、改めて紫宸殿造りの新本堂が落成し、全ての工事が完了したのは延宝八年（一六八〇）であった（前年の延宝七年ともいわれる）。

寺院の工事がなった延宝八年（一六八〇）の盂蘭盆に盆踊りを試み、祖先の霊を慰めたのが（佃踊りの）始まりであるといわれる。当時は江戸市中を廻って志をうけてから、本願寺に奉納したものを、天保二年（一八三一）の盆からそれを取止め、その後は地元の網干場を伝承地と決め今日に至った。一種の念仏踊りで、かんたんな舞踊を、うたいかつ太鼓を叩いて行うのであるが、毎年七月十三日から十六日の夜、渡船場附近で佃島自治会主催の下に奉納されている。

（『中央区史』）

新本堂落成後に始まったとする『中央区史』に対し、先ほどの『佃島物語』その九は、それ以前、本願寺（別院）移転費用捻出のためと書く。

明暦三年一月の世に云う振り袖火事は、両国の西本願寺を全焼、現在の築地に移転するに及び、佃島門徒衆は日夜を厭わず地形築立に尽力、更に御堂建設のため江戸市中を巡り踊って勧進して資金に当てた。延宝八年十一月築地本願寺再建、実に二十三年も懸かるのである。その後も勧化になるよう市中を廻り盆踊をして、志納銭を受けると寺に喜捨した。佃島だけが江戸でこの行為が赦されたのは、幕府が認めていたからである。しかし中には悪い者もいて、漁を怠け踊りで金を得る者もおり、天保二年七月町奉行遠山左衛門尉の命で市中徘徊を禁止された。

（『佃島物語』その九）

後者の方が、市中を廻ったことや天保二年に禁止された理由も具体的でよくわかる。また「その後も勧化になるよう云々」の「勧化《かんげ》」とは、「御免勧化《ごめんのかんげ》」のことである。

御免勧化は、そのつど寺社奉行二人が連名した「勧化状」を得て寄付を集める方法である。これを受けると、行く先々で人馬を無料で利用できたり、寄付の割当や代行収納を受けられるなど優遇措置があった。それだけに、「御免勧化」を受けることはなかなか困難であった。

ところが明和三年には、大火の後始末目的の勧化申請が続出したようである。その混乱を避けるため、勧化状の発行を容易にする手段として、「相対《あいたい》勧化」触書が出された。こちらは「御免勧化」とは異なり、寺社奉行一人だけの捺印で済ませるものであった。半面、当局との関わりや優遇措置は一切なく、ただ寄付集めを許可するというだけである。

諸国寺社修復為助成、相対勧化廻行之節、自今は寺社奉行一判之印状持参、御料私領在町可廻行候、公儀御免之

勧化には無之、相対次第之事に候間、御免勧化と不紛様可致旨、御料は御代官、私領は領主地頭より兼而可申聞置候、

（『江戸町触集成』）

実質的な実入りがなかったからであろう。「相対勧化」は、今ひとつ人気がなく、世間からも認知されなかった。そのため天保十四年（一八四三）に、再度触書を出して周知徹底をはかることにした。「（明和三年に出した相対勧化は）紛敷ものには無之候故」と、改めて通知しなおした。それが左記の触書である。

諸国寺社修復為助成、相対勧化廻行之節、自今は寺社奉行一判之印状持参、御料私領在町可廻行候、公儀御免之勧化には無之、相対次第之事に候間、御免勧化と不紛様可致旨、御料は御代官、私領は領主地頭より兼而可申聞置候、

右之通明和三戌相触置候処、年暦相立、御免勧化は其度々触有之、相対勧化は寺社奉行一判之印状を持参候故、不審に存候向も相聞候得共、紛敷ものには無之間、青の段可相心得候、（後略）

（天保十四年）卯六月

（『江戸町触集成』）

いずれにしろ本願寺が受け取った勧化状は、「御免勧化状」の方だろう。だから本願寺の再建の目的がなるまで、長期にわたり優遇措置が受けられたのである。

念仏踊り（佃踊り）

先祖供養であれ、本願寺再建の資金集めであれ、盂蘭盆の時期を中心に踊られた念仏踊り（佃踊り）である。寺院竣工後は先祖供養を前面に押し出すように変化したのは当然といえば当然である。漁師の先祖供養にふさわしく、河岸の網干場（漁網を干して乾かす場所）に提灯を連ね、夜を徹して歌い踊ったのも宜《むべ》なるかなである。『江戸府内　絵本風俗往来』（菊池貴一郎著）もいう。

> 佃踊は（七月）十三日の夜より十五日まで毎夜出づ、これは佃島なる老爺、老婆十人、扨は八九人一組となり、佃島と書きたる提燈をともし、鉦打ち鳴らし、ヤアトセ、ヤアトセと囃しては念仏を節にて唱へて、京橋辺より日本橋の辺を廻る。招く所の門にて称名を唱へ、鉦打ならして踊るなり。功徳の施物若干を受けて、又他の招きに応ず。無邪気にして見るに面白かりし。（図3）
>
> （『江戸府内　絵本風俗往来』）

図3　つくだおどり（『江戸府内　絵本風俗往来』）

八九人ずつのグループに分かれて町へ繰り出し、念仏に節をつけて踊り、謝礼の施物を受ける。するとまた次の町へ行って踊る。明らかに施物（勧化）が目的である。念仏踊りは先祖供養であると同時に、宗教活動でもあったのである。これが天保二年に終止符を打ったのは、勧化状の目的を達したと見做されたからであろう。以来、踊り場所は網干場に移り、現在に至っている。

踊り場となる広場の一角には、今も精霊棚を建て、火鉢に山盛りの線香を焚くのが習わしであるのは先に述べた通りと同じである。精霊棚には「無縁仏」と書かれた掛け軸を掛け、野菜が供えられる。なぜ「無縁仏」の掛け軸かというと、佃島の位置に関係する。

開府以来、江戸の街には死者が大勢出る大火事はたくさんあったが、なかでも明暦三年（一六五七）の大火は、江戸の街の大半を焼き尽くす大惨事であった。この時、避難民が殺到したのが、浅草見附門である。ところが非情にも、役人共は門を固く閉ざしたまま開けようともしなかった。火の手に追われた人々はやむを得ず、塀を乗り越え次々と隅田川へ落ち溺死した。その数三万人以上といわれる。

そんな溺死者の多くは、三途の川（隅田川）を下り、六道の辻（隅田川分岐点）佃島にひっかかって止まった。踊り場の一角に精霊棚を建て、無縁仏と書かれた掛け軸を掛け、大量に線香を焚く風習と無縁ではあるまい。私がはじめて佃踊りへ行ったとき、世話人と思える人に山盛りの線香を焚く由来を尋ねたら、「死体の匂いよりはいいでしょう」といわれたことを今も思い出す。

実際、隅田川が三途の川であったことは、遊女や夜鷹の末路を見ればよくわかる。年とって商品価値のなくなった夜鷹を「割竹でぶっ殺すのを橋場で見」た古川柳や、『甲子夜話』が載せる左記の話などである。なお、「橋場」は隅田川上流白鬚橋附近。吉原に近く人通りも少ない場所である。

妾《わらは》或日船行して深川に往とて、三又《みつまた》（隅田川と箱崎川との分流地点）あたりを行きたるとき、船傍に、やや大なる船に病者と覚しき婦人を臥したるまま載せたり。この婦苦しげなる声して、

「せつなやせつなや」と云ふ。その側を、五六人とり囲みゐたる者云ふには、「程なく医者につれ往くなり」と云ふを聞きつつ、妾が船十余間も漕離るる時、何やらん大に水に投ずる音したれば、妾、何かに問ふに、同船の人云ふ。「あれは今の病人を水中に投じたり」と。（中略）かの病婦は、世に、よたかと云ふ最も賤しき売婦にて、（後略）

（『甲子夜話』）

こうして三途の川（隅田川）を下った屍は、六道の辻（佃島）に掛かって止まる。それだけではない。数日経つと異臭が漂いはじめる。陽の光が強い夏場は腐敗も早い。それを消すために大量の線香を焚くのは理屈にも合っている。先祖のみならず無縁の人々まで一緒に供養する念仏踊りをいつまでも続けて欲しいと思うのは、私だけであろうか。

なお平成三十年（二〇一八）から、踊りの主宰者が分裂し、別々の日に行われるようになった。例年通りの日程（七月十三〜十五日）で行うのは新興の団体「歴史と伝統を守る佃島盆踊りの会」で、東京都の無形民俗文化財に指定された「佃島盆踊保存会」の方は、一月遅れの八月十三〜十五日に変更されることとなった。したがって、伝統の精霊棚と「無縁仏」の掛け軸は「佃島盆踊保存会」が踏襲し、「盆踊りの会」は別途仏壇を新調し、掛け軸も「南無阿弥陀仏」とすることで話がついたようである（図4）。反面、「保存会」の方も山盛りの線香を焚く火鉢は脇へ除け、「盆踊りの会」ともども通常の線香立てだ

図4　「歴史と伝統を守る佃島盆踊りの会」の仏壇
平成30年に新調された。掛け軸の文字は「南無阿弥陀仏」

けになったのは寂しい。

佃島の見世物小屋

『佃島物語』その七によると、かつての佃踊りは、たいそう賑やかだったようである。なかでも、昭和七年(一九三二)の大祭は見世物小屋が二軒も出たほど賑わったという。

現在住む場所が当時は広場で後にも先にもその祭りの時だけでしたが、見せ物興行が二軒も立つほどで、手足のない美人が口や膝で筆を使って絵や字を書いたり、小鳥芸を見せる小屋と双首の馬のミイラ・臍のない女・河童が穴から出る等を見せる小屋で、毎晩同じものを見に行ったものです。

(『佃島物語』その七)

佃島の住吉神社に「見世物小屋」が出た話は、今となってはたいへん貴重な証言ではある。なにしろ、現在この国にはたった一軒しか見世物小屋は残っていない。その一軒が全国を廻っているだけだから、現在都内で定期的に見られる場所は、十一月の新宿花園神社酉の市だけだろう。昔はほかに楽しみがなかったからといってしまえばそれまでだが、「祭りの華」ともて囃されたのが見世物小屋である。記録があるだけでもたいしたものである。

【参考文献】

『佃島物語』豊田靖人編、石川島佃会刊。
『築地本願寺遷座三百年史』築地本願寺遷座三百年記念法要事務局編、昭和三十三年(一九五八)、築地本願寺刊。国立国会図書館ほか蔵。

『中央区史』　中央区編、昭和三十三年（一九五八）、東京都中央区刊、全三冊。

『江戸町触集成』　全二十二巻、近世史料研究会編、平成五年～十二年（一九九四～二〇〇〇）、塙書房刊。

『江戸府内　絵本風俗往来』　前出

『甲子夜話』　前出

木魚講の今

木漁講の成立

藩政時代のみならず昭和初期までは、盛んであった木魚講も、今は僅かに次の二つの講が残るだけである。いずれも東京都の無形民俗文化財になっている「下谷龍泉木魚講」（台東区）と「江戸木魚節保存会」（台東区）である。いずれも旧くからある。

右のうち龍泉木魚講の講元谷古氏から『木魚講の由来について』（大谷義博著、二〇〇〇年）という小冊子を分けてもらった。早速目を通してみたら、そこに紹介されている『それそれ草』（宝永元年〈一七〇四〉自序、正徳五年〈一七一五〉刊）の一節に目がとまった。

近き頃、貧賤無碌のやから、無情講として組々をさだめ、少《すこし》ツツの懸銭《かけせん》を集め、其中に死の先だつものあれば、そのつみ《（積）》銭を以て講中より合い《（寄合）》のべ《（野辺）》送り不足なき程にとり調子（「調子」の後に何らかの言葉が続くと思うが、原文のまま）

近頃、此事大に流行り木魚講と称し、大《おおき》なる木魚に紐付けて首にかけてこれを打《うち》ツツ念仏をとなふれば、其外これにつれて大声に念仏して、のべ送りするなり、（『それそれ草』）

木魚講の始まりの時期についてこれまでは、『藤岡屋日記』が記す左記に基づき、寛政年間（一七八九～一八〇一）としていた。

> 寛政之頃、浅草寺観世音の御花講と称し、木魚講を目論見、念仏にきやり《木遣》同様の節を付候故、流行《はやり》出し、二三講も浅草にて出来候所、其後追々人数もふへ《増え》候、
>
> （『藤岡屋日記』）

ところが今回『それそれ草』に、「近き頃」や「近頃」とあることがわかったので、宝永元年以前に始まったことが確認できた。しかも当初は「無情講」、後に「木魚講」に名称変更しても、当初からの葬儀費用積み立てと取り崩し目的は変わらない。『藤岡屋日記』がいうより、百年近くも早まる。その上、当初から葬儀費用積み立て講であることがはっきりしている。そうなると、二つほど気になることがある。

一つは現在も西新井大師境内（東京都足立区）に立つ木魚講の石碑群の中の、寛文九年（一六六九）の年号が刻まれた石灯籠についてである。

この石灯籠の正面には「木魚講」、裏面には「文化八年（一八一一）」の文字が刻まれているから、時期的にも何ら問題はない。ところが左右の側面に、全く違う筆致で刻まれた文字の中に、「寛文九年」と彫られてあるからややこしい。本当に寛文九年に彫られたものなら、未来の年号である文化八年の年号など知るよしもない。また木魚講がそこまで遡ることも考えられない。私は、文化八年の時に廃品利用したのだろうくらいに思っていた。

今回、宝永元年と書かれたものが見つかったら、寛文九年との差は三十五年である。気持としては、あと少しと思ったりしたが、この考えは、すぐに成り立たないことに気づいた。何故というに『それそれ草』には、木魚講が始

まったのは「近き頃、無情講として」葬儀費用を積み立てていた講が、「近頃は、木魚講と称するようになって」、大きな木魚に紐を付けて首に掛け、これを打ちながら念仏を唱えるようになった、とあるからである。

つまり『それぞれ草』を著した数年以前迄は「無情講」といっていた講が、同書を書いた宝永元年前後からは木魚を中心にした「木魚講」と称するようになった、といっている。ならば、先行するものとして「無情講」のようなものはあったにせよ、「木魚講」自体を称するようになったのは、宝永元年前後と見做すほかない。わずかであっても寛文九年説は成り立たない。前身の無情講を含め木魚講が成立したのは、せいぜい元禄か宝永にかけてであろう。

その後については『藤岡屋日記』や『宝暦現来集』（文政十二年〈一八二九〉序、天保二年〈一八三一〉成立）に記されている通り、しばしば弾圧されながらも、嘉永年間（一八四八〜五四）以降までしぶとく生き続ける（拙著『日本大道芸事典』参照）。

またもう一つの気になることは、木場の木遣念仏である。

木場の木遣念仏

現在では木魚講と木遣念仏とは全く交流がないようである。しかし『藤岡屋日記』に、「念仏にきやり《木遣》同様の節を付候故、流行出し《はやり》」とあるように、念仏に木遣を取り入れたことが、当時の人々の琴線に触れ、木魚講が流行ったのである。

木遣は元来、木場の職人が重い木材を運ぶ際に、音頭をとるかけ声のことであった。このかけ声が俗謡として独立進化したものが、俗謡としての「木遣」である。木魚をＢＧＭに木遣念仏を唱えるのが、木魚講の特徴である。

現在江東区に残る「木遣念仏」について、同区ホームページは次のようにいう。

木場の木遣念仏はいつ頃成立したものか不明だが、富岡八幡宮別当永代寺の住職が、氏子の人々に広めたといわれる。戦前までは、木場の川並、船頭、材木屋の間に永代講と呼ばれる講仲間があり、仲間の家に不幸があったときに大数珠を操って念仏を唱える百万遍念仏を行なっていた。永代講は戦前になくなったが、現在も木場木遣保存会が、お念仏と称してこれを伝承している。

木遣念仏は、音頭一人、木魚を叩き算木を操る人（お坊さんと呼ばれる）一人、大数珠を回す人十数人で行なわれる。この念仏の特徴は、道具として木魚が用いられていること、木遣の節が入っていることなどである。

（江東区文化財係）

これだけだとよくわからないので、問い合わせ先となっていた「地域振興部 文化観光課 文化財係」へ問い合わせてみたが、なおわからなかった。しかし念仏の内容は木魚講の影響がはっきりと見られる。私は、木魚講が木遣の影響を受けたように、木遣も木魚講の影響を受け、反映したものと思う。江東区へ伝わるままを左記へ記す。

木遣念仏　念仏唄

〈伝承者〉木場木遣保存会のメンバーが伝承している。中心になるのは音頭をとる人で一人。札（算木）をくり、木魚を叩く。「坊さん」と呼んでいた。今は木魚は別の人が叩く。

鉦を叩く人が一人。音頭は最初大木魚の調子で「こよいはお別れーー」（これはお通夜の時のもので、出棺の時は「おくりましょうーー」を唄う）を唄い、参加者はそれに続ける。一節唄ってのち「ナムキミョウチョウライ ナムアミダブツ」（南無帰命頂礼南無阿弥陀仏）を早い調子で唱える。その後すぐ続けて、今度はゆっくりした調子で（音頭）「エー　ナムアミダーブツ」（全員）「ナムーアーミダブツ」の念仏を三〇分ぐらい唱え、これに合わせて大数珠を廻す（参考・佐賀町のダイシコウ（大師講）でも大数珠を廻す）。

人々は丸くなって、音頭と鉦、木魚は数珠の中心に坐る。なお音頭は、次の念仏唄を適宜唱える。

〽針の山々（全員）エー
　ナムアミダブツ　以下同
〽難行苦行の
〽和歌の浦には
〽名所がござる
〽一に権現
〽二に玉津島
〽三に下がり松
〽四に塩竈よ
〽よせてはかえさぬ
〽波の音
〽九十九谷は
〽高野の山々

〽大師はおはすか
〽十万億土に
〽導き給え

木魚講と木魚節

葬式は人生最大最後のイベントであるが、本人は参加者ではあるが、決して主催することはできず、家族や親族、近隣の手を煩わせることになる。家族や子供に迷惑をかけないうちにぽっくり死にたいというのが、最近の流行である。本心かどうか知らないが、ヤレ自然葬だ散骨だと好き勝手なことばかりいう爺婆がやたらに増えた。自然葬だろうが何だろうが、自分で自分の骨を埋めたり蒔いたりするなど出来るはずもない。必ず誰かの手を煩わせるし、迷惑もかける。だとしたら、出来もしないことで悩むより、迷惑をかけることを前提に人生計画を立てたほうがいい。

図１　西新井大師の石碑群

木魚講は、何時死んでも遺った者が、責任をもって葬式を行う「講」(集まり、団体)である。だから講員は何時でも安心して死ねた。そのかわり、葬式代として定期的に積み立てをしていた。日常活動は大きな木魚を叩きながら念仏を唱え、講員を募ることであった。『藤岡屋日記』によると、木魚講は寛政年間頃、浅草観音の御花講として始まったとある。その後、念仏に木遣みたいな節をつけて唱える(木遣念仏または木魚念仏)ようになったところ、大流行するようになった。

その後については各講元を中心に続けられるが、富士講に比べ調査研究は殆どされていない。前頁の写真は、西新井大師境内に立つ石碑群である（図1）。向かって右から、「東京木魚講」（東京とあるから明治以降建立）。続いて、文政八年に建立された「木魚講」（この碑の左右に全く別の書体で「寛文九年」の年号が入っている）。左側奥に建つ大きな碑は昭和三年（一九二八）に建立したもの。裏面にこの碑を立てた講元の氏名がびっしり書き込まれている。この中に、都の無形民俗文化財、下谷龍泉木魚講講元の谷古善和氏、江戸木魚節保存会講元の松崎弘太氏の先祖である谷古善氏・松崎吉五郎氏両名の名前が刻まれているのは言うまでもない。現在は龍泉木魚講と木魚節保存会の二つしかないが、当時までは盛んだった様子が、碑面に表れている。

なお下谷龍泉木魚講では、毎年一月は西新井大師、六月は川崎大師へ参拝し、それぞれに御詠歌を奉納し続けている。

【参考文献】

『木魚講の由来について』　大谷義博著、昭和三十九年（一九六四）、下谷竜泉木魚講刊。

『藤岡屋日記』　藤岡屋由蔵作、文化元年（一八〇四）〜慶応四年（一八六八）の諸記録・事件等世相巷談を編年的に記録（百五十巻百五十二冊）。昭和六十二年（一九八七）『近世庶民生活資料』三一書房刊。

『宝暦現未集』　江戸時代後期、山田桂翁著。昭和五十七年（一九八二）、『続日本随筆大成』別巻六（巻一〜十一）・七（巻十一〜二十一）、吉川弘文館刊。

『木遺念仏　念仏唄』　江東区文化財係採集、ガリ版刷り、発行年未詳。

『木魚講御詠歌』　かじま清書写、昭和四十三年（一九六八）、下谷龍泉木魚講刊。

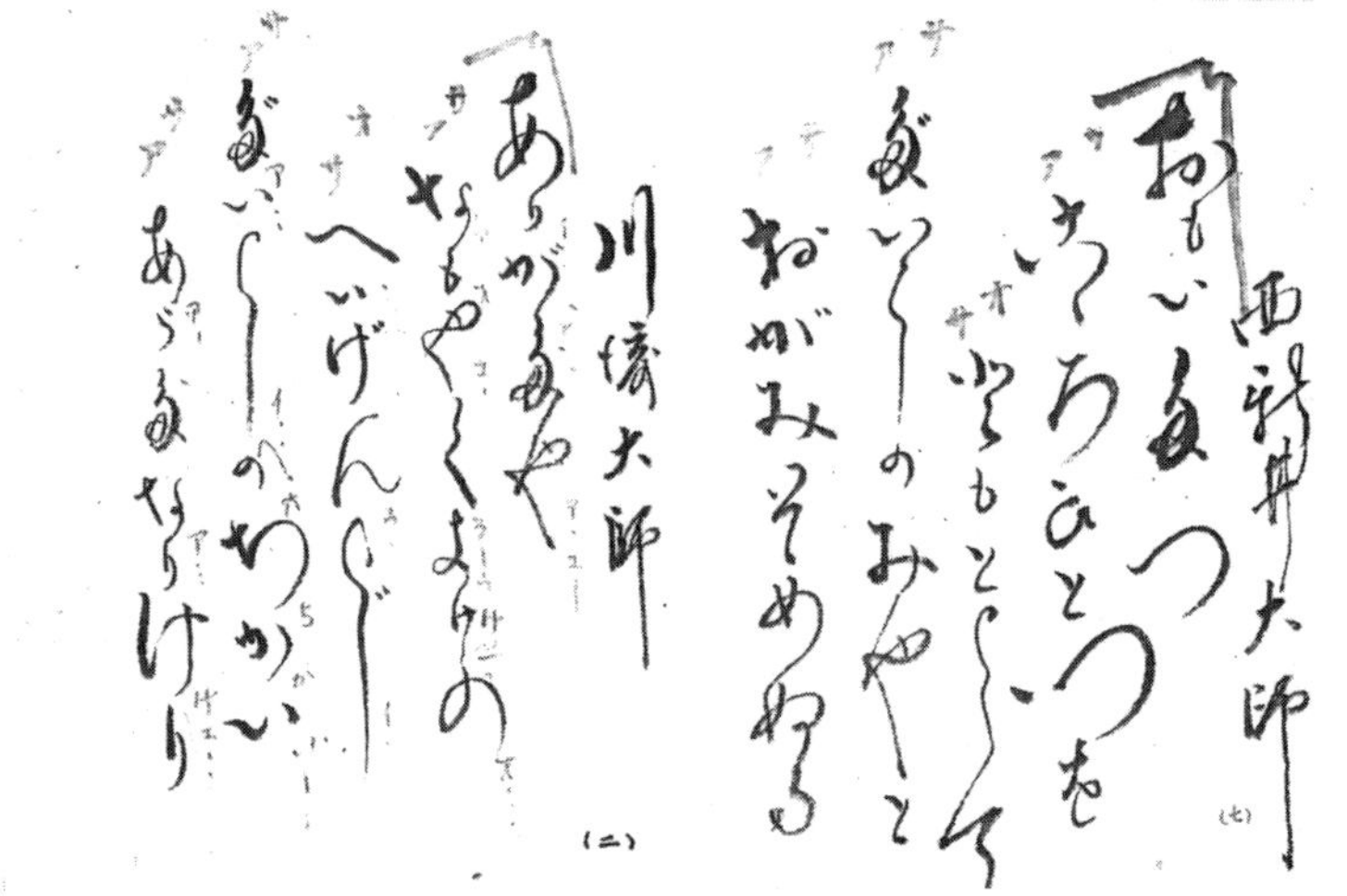

御詠歌

西新井大師

〽おもいたつ
サア　こころひとつを
オサ　ともとして
サア　だいしのみやこ
おがみそめぬる
（思い立つ　心一つを　友として　大師の都　拝み染めぬる）

川崎大師

〽ありがたや
サア　なもやくよけの
サア　へいげんじ
だいしのちかい
サア　あらたなりけり
（ありがたや　南無厄除の平間寺
大師（川崎大師）の誓い　（霊験）あらたなりけり）

図２　御詠歌（西新井大師・川崎大師）

縁切榎

中山道板橋宿

日本橋から旧中山道を行くと最初の宿場が板橋宿である。宿場の入口、石神井川（滝野川）に架かる橋の名前が板橋であったところから、そのまま宿場名にしたようである。この橋を渡って旧中山道をしばらく進むと、旧宿場の西の外れ近く右側に「（三代目）縁切榎《えんぎりえのき》」がある（図1）。もとは街道を挟んで反対側にあったが、近年、ビルが建ったため、街道の反対側へ引っ越した。この附近から街道が上《のぼ》りになっており、「岩の坂」と名づけられている。

縁切榎の由来については伝説に相応《ふさわ》しくあやふやである。江戸時代、当地に旗本近藤氏の屋敷があったが、そこに榎と槻《つき》（欅《けやき》の古称）の木が並んで生えていた。そのため「えのきつきのき」と呼んでいたのが何時しか「えんつき」と短縮され「縁尽き」の字をあてはめられるようになった。その際「岩の坂」も「いやのさか」と俗称されるようになり、両者合わせて「縁尽き嫌の坂」と俗称されるようになったと。私だったら「縁付祝の坂」の字をあてるが、いまさら遅い。

板橋区の公式ホームページには左記のようにある。

図1　三代目 縁切榎（手前の木）

江戸時代から板橋宿の名所として名高い縁切榎。もともと大六天神の神木でした。皇女和宮が降嫁の際、縁起が悪いと、この場所を迂回したという逸話が残っていますが、庶民の間では、悪縁は切ってくれるが良縁は結んでくれるというので礼拝の対象となっていました。

（板橋区ホームページ）

榎についてはもともと旗本近藤氏の抱屋敷の北側、中山道との間に立っていたという（図２）。また並んであったのは槻ではなく椎であったようだ。そのことについて十方庵（津田大浄）の『遊歴雑記』（文化九〜文政十二年〈一八一二〜二九〉刊）は次のように書く。

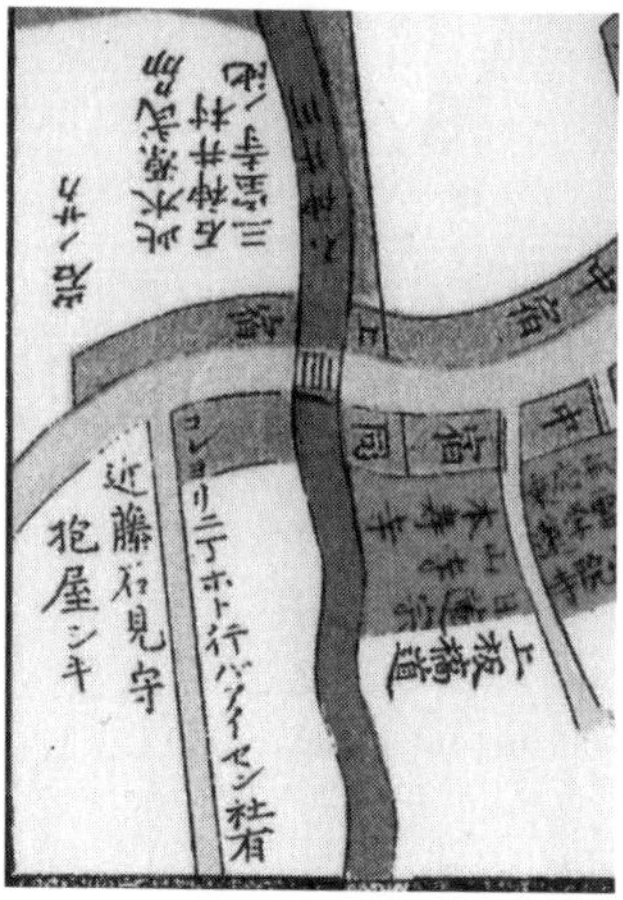

図２　嘉永七年尾張屋板「江戸切絵図」　左下「近藤石見守抱屋シキ」（榎・槻は不記載）

五拾参　近藤氏の椎の樹縁切榎

武州豊島郡板橋の駅西のはづれ、近藤登之助下屋敷（切絵図では、近藤石見守抱屋敷）は四川寺の北に隣る、此やしき方四丁三反有て、坪数凡壱万五千余坪有りとかや、されば街道の方の門を入て西の方へ至れば、段々と爪先上りに高く、既に山上に稲荷の小社あり、爰に年代いかばかりや立けん、古木の椎の木あり、太さ四抱計り高さ弐丈余、南北の枝繁茂して椎の実夥しく、毎年数十斗を得るとなん、是に依て枝の重き故にや、椎の木半二つに裂たり、しかはあれど今も猶繁茂して実をむすび、近藤の椎と異名す、これ此稲荷の神木のよしいひつたふ、扨此処にしてうしろを返りみれば、駅中の家々を眼下に見おろし、左手には遙に飛鳥山を始め、遠近の耕地を眺望し、右手は日曜寺《にちえう》前の平原を詠め、風色元来《もとより》自然にして奇奇妙妙たり、但此やしろの内は圃《はたけ》のみにして外に見るべきものなし、只椎の樹のみぞ名木と云ふべし、

一、同屋敷(近藤氏抱屋敷)北側垣根の外に　縁切榎《エンキリエノキ》と云有り、樹の太さ五抱も有ん、壱丈もあがりて大枝両股《ふたまた》と別れ、木の高さ凡四五丈、根茎の四方へはびこる事三四間に及べり、是を縁切榎と名付し濫觴は、寛保年間の頃かとよ、磯の宮御下向有て、此の街道を通御し玉ひ、御城内へ入らせ玉ひしに、幾程なく逝去ましまし、其後又寛延宝暦の頃にや波の宮御下向遊ばし、此街道筋を通御なりしに、是又幾程なく逝去し玉ひしかば、是より誰いふとなく、此木を悪みて縁切榎と異名せしより、巷談に伝へ世人又聞伝へて、今は実名の様にはなれり、

(『遊歴雑記』)

これによると、以下のようになる。

武州豊島郡板橋宿の西の外れに、近藤登之助の抱屋敷がある。この屋敷は四方は四丁《ちょう》三反《たん》(約四三〇㎡)、坪数はおよそ一万五〇〇〇余坪(約一・五ha)ある。街道(中山道)に面した側を西へ沿ってつま先上がりに上っている(通称岩の坂)。一番高いところに稲荷の祠があり、椎(伝説では槻)の古木がある。あまりに繁茂しているので、重さに絶えかねて木の幹から二つに裂けている。それでも勢いはよく世間からは「近藤の椎」と呼ばれている。ここから街道を振り返ると、道中の家々を眼下に見おろし、左手には飛鳥山を始め遠近の眺望もいい。外には見るものはないが、この木だけはさすがに名木である。

一、同屋敷北側垣根の外に「縁切榎」というのがある。（中略）これを縁切榎と言い始めた最初は、寛保年間（一七四一～四四）頃のことである。磯の宮（五十宮倫子か。寛延二年〈一七四九〉江戸へ下向。徳川十代将軍家治正室）がこの街道を通って下向・嫁入りしたところ、ほどなく逝去してしまった。寛延・宝暦（一七四八～六四）頃、今度は波の宮（不詳）が下向した際も、同じ道筋を通ったところ、これまた、いくほどなく逝去してしまった。このように不幸が続いたため、この木を縁切榎と称するようになり、今では実名のようにいわれだした。

なお、磯の宮・波の宮とも該当名が不明なため、「磯の宮」には音の似た「五十宮」をあてはめた。「波の宮」は「楽宮《さざのみや》喬子」（後掲「伏見宮」）をあてはめようとしたが、そうすると下向の時期が合わない。しかしそんなことは伝説の類にはよくあることと割切ることにしたが、徳川家を憚ってわざと言い換えたこともありうる。

縁切榎についてはそれだけではない。誰が言いだしたのだろうか。令和の現在まで続く榎の効能やご利益までが、いわれるようになった。再び『遊歴雑記』を見てみよう。

然るに何者か初めけん、此処へ来り茶店の孃《かか》、又は子供等を頼み、此榎の皮を枌《そぎ》取り貰ひて家に持返り水より煎し、其者にしらさず飲しむれば、男女の縁を切夫婦の中自然と飽倦《あきうみ》て、離別に及ぶ事神の如しといひはやし、心願叶ふて後は絵馬を持きたり榎へかくるも有れば又幟立てる徒も有けり、いか様絵馬掛しを見れば、男女物思へる風情して、双方へ立ち別るる姿を描きしは、不仁の志願も叶ふとみへたり、又大酒を好み癖有る上戸に、此榎の皮を水より煎じて酒へ和して飲しむれば、忽然と酒を嫌ひ性質の下戸に成るといひ伝ふ、予試し見ざれば真偽をいひがたし、

（『遊歴雑記』）

発祥がどうであれ、縁切榎の名が知られるにつれ、実体を伴うようになった。続けて『遊歴雑記』を見ていこう。

近年伏見宮の姫君此街道を御下向、西の丸へ御着輿し賜ふ砌、此縁切榎の名を厭ひ玉ひ、此榎の見へざる遙手前より別段に御道筋を披《ひら》き、近藤登之助御やしき内を御通御有て、板橋の駅中へ出玉ひしとなん、件の榎、古来斯忌は名はあらざるにし、不図《ふと》中古より縁切榎と呼初て、世の人に疎まるるは、此木の不幸とやいはん、殊更常に活皮《いきかは》を剝れて生傷の絶ざるは不運とや云べし、是によりて伏見宮の姫君も、世の人の人口に随ひ玉ひて、この木の辺を除《よけ》しめ玉ふと見へたり、

（『遊歴雑記』）

ここでいう近年伏見宮の姫君は、有栖川宮織仁親王の第六王女のことで文化元年（一八〇四）、数え年十歳の楽宮《さざのみや》が十二代将軍徳川家慶へ降嫁したときのことである。このときも榎を避けるために遙か彼方から道を拓き、近藤家の屋敷内を通って板橋宿へ着いたという。このときに作られたのが、今も残る根付道である。縁切榎のある岩の坂一帯は、馬子や馬喰・乞食・浮浪者など下層階級の住む街、貧民窟であった。そんなところを、宮様の娘に見せるわけにはいかない、というのが本音であり「根付け道」を拓いた所以であろう。

なお十方庵は、何の罪科もないのに不名誉な名前をつけられた挙げ句、生皮を剝がれ傷つけられ続けるようになった榎に同情している。

時代は下って幕末になる。有栖川宮熾仁と婚約していた孝明天皇の異母妹和宮が十四代将軍徳川家茂へ降嫁する際も、板橋宿を通った。

和宮一行が京都を出立したのは文久元年（一八六一）十月二十日、中山道板橋宿へ着いたのは十一月十四日のことで

ある。この時も榎のある岩の坂を迂回する根付道を通ったようである。そのときは榎を薦で囲って見えなくしたとのいい伝えもあるが、真偽のほどは不明である。和宮一行は宿所である脇本陣へ一泊し、明くる十一月十五日に漸く江戸城内清水家屋敷へ入った。大奥へ入ったのは十二月十一日とされるから、一か月近くも清水屋敷へ留まった計算になる。

和宮と家茂の仲は睦まじく暫くの間幸せだったようである。しかし、僅か四年後、家茂の死去によって終止符を打たれる。迂回しただけでなく菰で包んだことに対し、榎の怒りが爆発したか?

それはともかく、榎の気持ちがわからなくもないが、むしろ私は、別の理由から「縁切榎」といわれるようになったのではないかと思う。それは、板橋区に伝わるもう一つの伝説、富士講行者食行《じきぎょう》身禄《みろく》親子の別れ伝説である。私はこちらの方に魅力と説得力を感ず。

食行身禄親子の別れ伝説

その発端は享保の大飢饉（享保十七年〈一七三二〉）である。前年の享保十六年末頃から畿内以西で続いた天候不順は、十七年になっても一向に治まらず、冷夏となったため、大凶作となった。加えて、大発生した害虫（主にイナゴやウンカ）によって、稲穂がことごとく食い尽くされた。結果、畿内以西、中国・四国・九州各地の作物は壊滅状態となった。一般には、餓死者一万二〇〇〇人余、餓死牛馬一万四〇〇〇余頭、飢餓状態にある人二〇〇万人が出たと伝わる。しかも、これは、統計に表れた数字で、実際には数倍多いとも言われる。

しかし幕府側の統計はこれより少なく、翌十八年正月、万石以上の私領について、正月段階で統計したものでも次のようである。飢人九六万九九四六人、餓死人七四四八人、斃死馬牛一二三五三頭。この統計から漏れた万石以下の私領及び天領などを加えると、前記の通説通り、飢える人二〇〇万人、餓死者一万二〇〇〇人以上、斃死牛馬一万四〇〇〇疋というのが実際に近いだろう。

幕府の対応は、七月二十四日、勘定奉行を被災地へ派遣、勘定吟味役神谷久敬を大坂へ派遣、救済の組織を取らせ、被害のなかった東山・東海・北陸の米を西国へ回送した。この措置によって、江戸へ送られるはずの米が激減、江戸の米価が暴騰した。ために翌享保十八年正月二十六日、江戸で最初の打ち壊しが行われた。米価が急騰したことにより、困窮度を増した下層市民が、買い占め売り惜しみしたと噂のある米屋を襲ったのである。

富士講の行者食行身禄が富士山へ入り入定したのも、飢饉を受けてのことと思える。入定直前に身禄が書いたとされる「お添書」に、次のような一節がある。

さてまた御そば役人共美女をとりあつめさせ、その上にも妻子ども迄にまへしりおうらせ、我が子お《を》十日の仏（綱吉）え《へ》御小姓などに出し、金銀おとる（劣る）ようにこしらえ、そのみちすじより美女お《を》よびあつめ方々えまきひろめ（撒き広め）、みちみちにつりおつけて、そこで柳（柳沢）を松（松平）の木に植えなおし、おとしだねなぞとして、ぢりん氏までいれなおし、すでに天日（将軍）もうばいとられん所に、ないしょう（大奥）より差し止められて、ようよう桜田えうつられて、これも美女まえしりにばかされてついにむなしくたいはて（終に空しく絶い果て）、（中略）

あく生（悪政）のことにばかり天子天日（天皇・将軍）を初めとして　表向のみちばかり結構にみせて、心の内には知りておれども、悪にばかり金銀をつかひすて、かみだつもの（上立つ者）ばかり良きようにいたし、しもののの（下の者）は少しのことも改め、とが（罪）におとし、役にも立たぬ法度きびしくして、ぼさつ（米）お《を》も高値にして、せかいに通用いたさぬやうにいたし、米も三石余迄になり候、おぼさつを七八斗迄に高値に上げさせ、米下値に売り候はば、越度《おちど》に被致《いたされ》候ほどに、関八州えも米出さぬやうにとの触れながし、民のいたみをいたし候事、天より南方御苦労に御座候えに、我は六十八さい迄の寿命なれども、六十三さいにして、丑の六月十七日を名日（命日）として、とそつ天え三国の万ごうの峯に鏡に身を参り候、

（「お添書の巻」『富士講と富士塚』所収）

都合の悪いことには目をつぶる一方、上級国民は何をしようと構わんと好き勝手をすることは、現在進行中の新型コロナウイルス対応を見てもよくわかる。享保時代から三百年たった今も、歴史に学ばず、まるで進化していないようである。食行身禄でなくとも腹が立つが、その憤りを実行したのが身禄の凄いところである。

食行身禄（本名・伊藤伊兵衛）は、寛文十一年（一六七一）に伊勢国で生まれた。十三歳で江戸へ下り、油屋へ奉公した。富士講信者になったのは十七歳のとき、角行東覚《かくぎょうとうかく》四世（或いは五世）月行劊忡《げつぎょうそうじゅう》へ弟子入りしてからといわれる。油売りをしながら修業を重ね、遂には身禄という名前を得た。釈迦の入滅後五十六億七千万後に出現して世直しをする弥勒菩薩にあやかったものである。実際、身禄は東覚五世（あるいは六世）といわれ、角行東覚（一五四一～一六四六）が始めた富士講の忠実な後継者と言われる。それだけに、庶民の窮状を見るに忍びなく、最後の仕事として、幕府への抗議の意味を込め、富士山での入定を決意したのである。

身禄はかねてより六十八歳になったら、富士山頂で入定することを語っていたと言うが、享保の飢饉を受けて五年ほど早めたようである。入定に際し、家族と永久《とわ》の別れをしたのが、ここ縁切榎の下であったと伝わる。享保十八年（一七三三）六月十日、駒込の自宅を出、身禄は出立した。これに追いすがる家族と弟子たち。

御妻子方のあまりのいたはしさに、同行の内にて御末子のおはなを抱きて追かけ申候へども、御急ぎ被成候はば、追つけ奉らず。道の程二里余りも追かけ申候。さすが御親子乃御困之同行、誠に天も感応なし玉ひけるにや。道ばたの榎の枝に御笠をかけられ、はずし玉はんと色々被成候て手間取り、うしろを御ふり返り御覧被成候て、食行尊、後には必寄り付き申すまじくと、御見返りもなく、御急被成。

（『食行身禄御由緒伝記』）

これによると、妻子が余りに嘆き悲しむ姿に、弟子の一人が、末っ子のお花を抱きかかえて追い掛けたが、中々追いつくことが出来なかった。二里（約八km）ばかりも追い掛けた処、天も同情したのだろうか。身禄が榎に掛けた笠が枝に絡んで、はずすのに手間取っていた。その最中に追いついた一行に一度は振り返ったが、「もう追い掛けてくるな」と言い残したまま、二度と振り返らなかった、という。

話としては興味を引くが、駒込から富士へ向かうなら、甲州街道を通った方が順当だと思えるが、中山道へ向かったのは、これも伝説の類だろうか。

図３　縁切榎碑

身禄は六月十三日卯の上刻（午前五時頃）に富士へ登りはじめ、同日午の上刻（同十一時頃）山頂に着いたあと、入定場所と定めた烏帽子岩近くの岩窟へ、自身が入る厨子を置いた。それからちょうど一か月、七月十三日（諸説あり）に入定すると、その様子は、付き添っていた弟子によって、妻子らに伝えられた。

ここに述べた食行身禄親子の別れ伝説が、「板橋宿岩の坂の榎」について触れた最初のものであろうことは間違いないようである。但しこれが「縁切榎」と呼ばれるようになったのは、これよりだいぶ後だが、「縁切榎」の信仰は現在に至るも隆盛している。

十人も入れば一杯になるほどの狭い境内の椅子に暫く座っていたら、次々と参拝者が訪れていた。ほとんど若い女性だが、時に高齢者や男性もいた。皆深刻な面持ちで願いを捧げていた。絵馬もこれほど多く接触して掛けてあるのは見たことがない。本棚に書籍を並べるようにびっしり密着していた。願文を人に読まれないようにとの配慮であろうか、プライバシー保護シールが貼ってあるのは、いかにも今風である。

【参考文献】

『江戸切絵図』　前出

『遊歴雑記』　津田敬順(十方庵)作、文化九～文政十二年(一八一二～二九)に、江戸を中心に房総から尾張にかけて、各地の名所旧跡、風俗等を記した自筆見聞記。大正五年(一九一六)、『江戸叢書』巻三所収。国立国会図書館デジタルコレクション。

「食行身禄『お添書の巻』」　神奈川大学常民文化研究所編『富士講と富士塚』所収。

『食行身禄御由緒伝記』(現在不明)。『富士講の歴史』(岩科小一郎著、昭和五十八年〈一九八三〉、名著出版刊)は、本書に書かれてあることを、以下のように否定的に捉えている。

板橋宿には有名な「縁切り榎」という、男女の縁を切る民間信仰の付随した古樹がある。この縁切りの因縁のはじめは、身禄と家族との別れがはじめだと今に伝えられるが信じ難い。

「板橋の縁切り榎」　酒井卯作著、平成二十五年(二〇一三)、雑誌『東京人』三三二号所載。

「縁切榎」　city.itabashi.tokyo.jp　(2020.1.25更新)

メーデーことはじめ
—日本のメーデーは上野から始まった—

メーデーの始まり

労働者の祭典メーデーは、一八八六年(明治十九)五月一日に、アメリカ・シカゴの労働者が、八時間労働を要求してストライキを行ったことが始まりとされる。これに対し五月三日、ストライキ中の労働者四人を警察が射殺した。翌四日、これに抗議するための集会が、シカゴのヘイマーケット広場で行われたところ、再度警察と衝突があり、爆弾が投げ込まれた。これによって警察側七人、労働者側四人の死者が出た。

この事件の結果、九人のアナキストが起訴された。証拠不十分であったにもかかわらず、八月二十日に絞首刑七人、懲役十五年一人の評決が下された。被告人はアナキストであり、過去に暴力行為を推奨してきたから、爆弾を投げたのが誰であれ、被告人らは責任を逃れられないという屁理屈である。裁判のやり直しを求めた弁護側に対しても判事は却下した。「被告の誰かが爆弾投擲《とうてき》に加わったか、あるいはそれを予想したかどうかは枝葉の問題である。その程度のことで陪審員評決を覆すことは、無政府状態の導入につながる」と、またもや屁理屈である。十一月十日の朝に死刑囚の一人が自殺、同日夕方二人が無期懲役に減刑された。翌十一月十一日、四人の死刑が執行された。これが、ヘイマーケットの虐殺(Haymarket massacre)と呼ばれる大弾圧事件の概要である。

事件から六年後の一八九二年六月二十五日、イリノイ州知事のジョン・ピーター・アルトゲルドは、被告人らは無罪であり、処刑された四人は冤罪であったと認め、獄中に残されていた三人の囚人を無条件で釈放したという。

これほどの犠牲の上にようやく勝ち取った八時間労働だが、後に資本（経営）側がこれを破棄したため、一八八八年、ＡＦＬ[1]（＝American Federation of Labor＝米国労働総同盟）は引き続き八時間労働制要求のため、一八九〇年五月一日にゼネラル・ストライキを行うことを決定した。

ＡＦＬ会長ゴンパースは、一八八六年の統一スト後に、ヘイマーケットの大虐殺を受けた経験から、社会主義政党の国際組織である「第二インターナショナル」の協力を仰ぐこととした。すなわち、一八八九年の第二インターナショナル創立大会に出席し、ＡＦＬのゼネストに合わせ労働者の国際的連帯のデモを行うことを要請した。第二インターでこれが決議され、一八九〇年五月一日、ＡＦＬのゼネスト当日、ヨーロッパ各国やアメリカなどで連帯のデモが行われた。これを第一回に数え、以来毎年五月一日に世界各国でデモが行われるようになった。こうしてメーデーが始まった。以後、労働者の権利を主張する運動として、国民がその時々の要求を掲げ団結と連帯の力を示す日として継続・発展してきた。

日本への紹介

こんなメーデーが日本に紹介されたのは、幸徳秋水らによってである。彼の主宰する『平民新聞』は、折しも開戦中の日露戦争に強く反対したため、相次ぐ発売禁止や編集者の禁固刑・罰金刑、果ては印刷機の没収等により、明治三十八年（一九〇五）一月十九日、廃刊を余儀なくされてしまっていた。それでも同年の五月一日に、平民社内で「メーデー茶話会」を開いた。非公式ながら、これが日本におけるメーデー集会第一号とされる。

ところが、この年の十月九日ついに平民社は解散、直後の十月二十八日、幸徳は渡米した。彼の地で幸徳は、それまでの保守的な組合（ＡＦＬ）に対抗して結成されたばかりのＩＷＷ[2]（Industrial Workers of the World＝革命的サンジカリスト（による産業別組合）の影響を強く受け、マルキストからアナキストへと脱皮した。

翌年帰国するや、神田の錦輝館で「世界革命運動の潮流」と題して熱弁をふるった。合法議会主義に対する不信を表明し、サンジカリズムによる直接行動を主張したのである。

サンジカリズムの語源はフランス語のSyndicalismeだが、革命的サンジカリズム（Syndicalisme Révolutionnaire）の意味で使われることが多い。したがってサンジカリズムを信奉する者（サンジカリスト）は、ストライキ・ボイコット・生産管理などの日常闘争を通じ、ゼネラルストライキ（ゼネスト）を最高の武器とする。また最終目的は、今日の抵抗組織である組合が、将来は生産と分配の組織として自由な無階級・無国家社会を作ろうとするものである。

読売争議

余談だが、第二次世界大戦敗戦終結（昭和二十年八月）後の十月二十四日から始まった読売争議は、サンジカリズムの影響を強く受けたものである。昭和二十年暮、会社に勝利した組合は「経営協議会」を設けて経営に参加、編集もまた資本から切り離し、『読売新聞』が「民衆の友となり（中略）人民の機関紙たること」を宣言した。

ところが二十一年五月に吉田内閣が成立すると、吉田はサンジカリズムの浸透を恐れ、敵視し、六月にはＧＨＱ（連合国軍総司令部）と共に大弾圧に乗り出した。第二次読売争議の始まりである。

六月二十三日、ＧＨＱのプレス・コード（言論統制規則）違反を理由に、組合役員ら六人を解雇。ついで一六人を左遷して御用組合を結成。更には警官隊五〇〇人で新聞社を包囲し、組合幹部と執務中の社員五六人を検束するなど、徹底した組合壊滅工作を開始した。

組合側は、警察権力の弾圧と会社側の組合破壊工作に抗して立ち上がり、各労働団体も読売争議応援委員会を作って、応援デモや真相報告会などを活発に行った。遂には、新聞・通信・放送のゼネラルストライキをも計画するが、大手新聞労組の脱落によって挫折。組合幹部の自発的退社という形で百二十八日間の争議は終結した。

読売争議の敗北は、日本の労働組合運動、とりわけサンジカリズムによる労働組合運動に致命的な打撃を与えたのである。

今ではこの国にサンジカリズムが存在していたことさえ忘れられているが、昭和前期までマルクス主義以上に労働組合や大衆運動に影響を与えていた。一部はアナキズムと結びつき、アナルコ・サンジカリズムとして広く労働者に受け入れられ浸透してもいた。

サンジカリズムと日本労働運動の曙

なかでも関東大震災（大正十二年〈一九二三〉）のどさくさ時に虐殺された大杉栄は、サンジカリズムを積極的に支持した。自らアナルコ・サンジカリストを名乗り、大正三年十一月二十五日発行の『光』第二八号へ、フランス・アナキスト団体機関誌より「新兵諸君に訴う」を訳載し、徴兵忌避を呼びかけ、朝憲紊乱罪で起訴された。しかしながら、日露戦後も一貫して戦争反対と平和を訴え続けた大杉の非軍備主義運動は、大衆から大変な支持を受けた。

そもそも日本の労働運動は、明治十五年十二月に自由党の奥宮健之が三浦亀吉や植木枝盛らと結成した「車会党」とされる。これは馬車鉄道（市電開通以前に馬が牽く鉄道があった）に反対する人力車夫《じんりきしやふ》の組合であった。当初は活発な運動をしたが、奥宮等が逮捕されると、車夫等は恐れをなし衰退した。

続いて、東京の秀英舎（明治九年誕生。現大日本印刷ＤＮＰ）に活版工組合が結成されかかったが、これも途中で挫折。徳富蘇峰が『国民之友』（明治二十年二月号）で、先進国での労働運動や社会主義を紹介し、労働組合の結成を呼びかけねばならないほど、この国の労働者の意識は未熟であった。但し、意識が未熟であったことは労働問題がなかったということではない。組織的継続的な運動に繋げることができず、一揆的な争議に終わってしまったということである。

それでも日清・日露の両大戦後はインフレが増す一方、賃下げや馘首《かくしゅ》（首切り。今のリストラ）が激しくなった。その結果、全国的にストライキが増すようになったため、明治三十三年三月に、労働運動取り締まりを目的に「治安警察法」が公布され、弾圧もより激しくなった。建前としては、労使双方に自粛を求めるものであったが、昭和二十年十一月に廃止されるまで、使用者側に適用されたことは一度もなかった。このため、労働運動は急速に衰えた反面、社会主義と直結する原動力ともなった。

治安警察法公布に先立つ明治三十一年三月、深川印刷会社（東京印刷会社深川分社）の職工七人が発起人となって、深川区と本所区の活版工一〇〇余人が、両国で「懇話会」を結成した。これに対し会社側は、発起人七人を馘首しただけでなく、ブラックリスト（黒律表）まで作成・配布して七人の再就職を妨げたりした。

右の者は不都合の廉《かど》ありて解雇したるものなれば貴社に於いても雇傭せざることを望む

（『明治・大正期自立的労働運動の足跡』による）

明治三十一年八月、陰湿な報復に懲りた江沢三郎ら一二人は、「活版工同志懇話会」として組合を再建し機関紙を発行しはじめたが、名簿は伏せたままであった。明治三十二年三月、会員が二〇〇〇名を超えたのを機会に名簿を公表、五月には島田三郎を会長に推した。島田三郎（一八五二〜一九二三）は、明治二十一年に東京横浜毎日新聞（現毎日新聞）社長となり、二十三年には第一回総選挙で衆議院議員当選（以降連続十四回当選）。二十七年衆議院副議長、大正四年衆議院議長となる。ジャーナリストとして廃娼運動、足尾鉱毒事件等に取り組んだ。

社会主義と改良主義

島田は同年七月には神田の青年会館で「労働問題演説会」を開いたが、ここで改良主義者と社会主義者が真っ向から対立した。懇話会は社会主義排撃の立場を取って十一月三日に会を解散し、改良主義者だけで神田錦輝館に集まり「活版工組合」として再出発した。

そんな組合でも、「治安警察法」が公布されると、脱退者が相次ぐようになり、芝支部を除いて壊滅状態となった。その芝支部も五月には解散したため、残った者たちで「誠友会」を組織した。

明治四十年四月には、東京の欧文植字工によって「欧友会」が結成され、欧文工の殆どが加盟した。ところが、大正三年に第一次世界大戦が始まると日本はドイツに宣戦を布告、横浜でのドイツ系欧文紙誌は発禁や廃刊となった。また在留外国人の商店も閉鎖したり帰国したりしたため、「欧友会」会員は二〇％近い失業者を出した。ために十月には機関紙発行停止を決議し、活動も休止状態となった。

加えて、一九一六年（大正五）六月に「工場法」が施工されると、永年勤続者や病弱舎が馘首される事件が相次ぐようになった。そこで水沼辰夫（一八九二～一九六五）等は「欧友会」の復活をはかって十月末に大会を開き、いったん「欧友会」を解散した上で、新たに「信友会」を設立した。

信友会・友愛会と、革進会・正進会

大正七年になると、会員増強のため欧文植字工だけではなく全印刷工に拡大することを決議し、名前も「活版工組合信友会」と改めた。会員も一〇〇〇人近くに達したため、三月から機関紙『信友』発行を始めた。しかし、七月に富山県で米騒動が起こり、全国に伝播しはじめると、全く関係のない会員の拘引や留置が頻繁に行われるようになった。そのため会員の多くは恐怖と誤解から脱会者が続き、最終的には「欧友会」の流れをくむ欧文工だけが留まるありさまとなった。

水沼は責を負って役員を辞したが、他の同志と共に立て直しに努めた。その甲斐あって、翌大正八年二月には一五〇〇人を獲得するまでになった。以降「欧友会」の伝統を牽く「信友会」は、日本の労働運動の牽引役として、明治・大正・昭和戦前期を代表する闘う組合へと成長した。

一方、労使協調路線を歩む組合としてに結成されたのが、「友愛会」である。

大正元年、労働者の修養団体として結成され、昭和五年まで鈴木文治(一八八五〜一九四六)が会長を勤めた。鈴木文治は明治四十二年に東京大学卒業後、秀英舎を経て、翌年東京朝日新聞に入社。大正元年、一四人の賛同者とともに「友愛会」を発足させる。大逆事件等、官憲による社会運動への弾圧を見て、労使協調路線を前面に出す。「労働者の人格の尊重」を訴えながら、労働争議の調停や啓蒙活動に取り組んでいった。

労使協調を前面に打ち出していたため、渋沢栄一らは当時、排日運動が盛んだったアメリカへ鈴木文治を行かせた。そこで労働大会へ参加した鈴木の演説は、国内の活動を知っている者には信じられないほど激しく、階級闘争に基づくたいへん勇ましいものであったといわれる。すでに世界の労働者の潮流は、義理人情に基づく日本型協調主義だけでは共感を得られなくなっていたのである。その後「友愛会」自身も、鈴木の意思とは裏腹に、急進化の道を進むこととなる。

大正八年八月の友愛会創立七周年大会では、堺利彦や生田長江らを招待し、それまでの反社会主義、反ストライキ、労使協調主義から方向転換し、戦闘化した。名称についても「友愛会」から「大日本労働総同盟友愛会」へ発展改称した。

翌九年には「大」を取り、一〇年には「友愛会」も削って、「日本労働総同盟」となった。機関紙名も「労働」へ変更し、労働組合としての性格を純化させていった。

大正十四年「日本労働総同盟」は分裂、左派を中心に「日本労働組合評議会」を結成した。分裂は、左派を地下運動的な急進主義に押しやり、右派を労資協調主義へと向かわせた。

なお、それより前、大正八年一月、各新聞社製版工が集まって組合結成を討議し、六月に新聞製版工組合「革進会」を結成した。革進会には東京の一五新聞社八〇〇人の内三〇〇人の製版工が参加し、会長横山勝太郎（弁護士・衆議院議員）、顧問加藤勘十（労働運動家・衆議院議員）を選出した。

七月二十四日、『東京日々新聞』の製版工が、最低賃金の八〇％引上げと八時間二部労働制を要求し、六〇％の賃上げと二部制を勝ち取った。これを知った各製版工は、同様の統一要求を掲げ、二十九日には『万朝報』と『読売新聞』の製版工がストライキに入った。三十一日には各新聞社主連盟が革進会との交渉を拒否したため、各新聞社の製版工は一斉にストライキへ突入。五日間にわたって東京市内の新聞は一部も発行されなかった。

ところが、労働運動に理解のない会長横山は、「信友会」や「友愛会」からの応援の申し出を断わったあげく、会社側と妥協し争議はあっけなく終了。八月四日夕刊から再刊されることとなった。一部会員は「信友会」の直接間接の支援を受けて闘争を続けたが、治安維持に問題ありとして警視庁に威嚇され、同盟を解雇されたため「革進会」は壊滅した。

しかし、各社有志はすぐに組合再建を図り、十二月九日に「新聞印刷工組合正進会」を結成し、「革進会」の後継団体であることを明らかにした。翌大正元年八月一日には「争議惨敗一周年記念会」を開き、八時間二部労働制の履行要求建白書を各新聞社宛発送した。しかし、この闘争も組合側の敗北で終わった。それでも、この争議は全国三〇余新聞社の労働条件改善がなされるなどの影響を与えた。

第一回メーデー開催

このように労働運動が高揚したのを背景に、「信友会」の水沼辰夫・服部浜次らが相談してメーデー企画書を各労働団体へ送った。資金として堺利彦が保管していた幸徳秋水の『基督抹殺論』印税が当てられた。こうして日本最初のメーデーが、大正九年五月二日、上野公園で行われることになったのである。二日になったのは、初めてのことである上、二日が日曜日だったからである。翌五月三日の『東京日々新聞(現毎日新聞)』は、大きく写真を載せて次のように述べる。

日本に最初の　大労働祭
▽きのふ上野の示威運動
▽参加団体十五　人員五千
◇労働歌を高唱して　三箇条の決議に気勢を揚ぐ

葉桜《はざくら》の上野公園両大師前は、昨日正午から日本最初の労働祭に、悲痛の要求に満たされた。参加団体十五。則ち、

正進会、大進会、汎労会、小石川労働会、啓明会、自由労働組合、大日本工友会
工人会、日本機械技工組合、日本労働組合、信友会、鉱山労働組合、友愛会等
開会前後に警官との小衝突があった。東京団体の左党を承る信友会の指導者水沼辰夫氏は、同志阿部幸一郎氏と共に、参会の途上、神田に於いて錦町署に検束され、友愛会側は大会の宣言書を没収せんとする。

（『東京日日新聞』）

この時に歌われた「労働歌」は、「アムール川の流血や」（塩田環作詞、栗林宇一作曲〈永井建子作曲説もあり〉）の曲に、池貝鉄工所の労働者・大場勇が作詞したものである（元「信友会」の故綿引邦農夫氏談）。その後も長い間「メーデー歌」として歌い継がれた。なお、このメーデー歌は「第三回メーデー」で始めて歌われたというのが定説になっている。するると、新聞が載せる第一回メーデーで歌われた労働歌は、どんな歌であったのか。気になるところではある。今は、その後も長く歌われることとなった「メーデー歌」の歌詞を紹介する。

聞け万国の労働者
とどろきわたるメーデーの
示威者《じいしゃ》に起る足どりと
未来をつぐる鬨《とき》の声

汝の部署を放棄せよ

汝の価値に目ざむべし
全一日の休業は
社会の虚偽をうつものぞ

永き搾取に悩みたる
無産の民よ決起せよ
今や二十四時間の
階級戦は来たりたり

起て労働者ふるい起て
奪いさられし生産を
正義の手もととりかえせ
彼らの力何ものぞ

われらが歩武の先頭に
掲げられたる自由旗を
守れメーデー労働者
守れメーデー労働者

歌詞の四番にある「奪いさられし生産を　正義の手もととりかえせ」の部分は、サンジカリズムの発想である。また五番の「自由旗」を、現在「赤旗」に変えて歌っている団体が多いのは、サンジカリズムが煙滅してしまったため、マルクス主義の影響を受けたものが言い換えたのであるが、彼らは「生産管理」を唱えていない。

なお、「アムール川の流血や」は、明治三十四年に、一高第十一回記念祭寮歌として作られたものであるが、本歌に「小楠公」が挙げられていたりする。明治四十四年に、軍歌「歩兵の本領」（加藤明勝作詞）にも使われ爆発的に流行った。そのため広く人口に膾炙しており、再々利用されてメーデー歌になったようである。

その後も、治安維持法や不況と弾圧の下で闘うメーデーは続けられた。しかし、昭和十一年から昭和二十年までの十年間は、戦争のためメーデーは禁止されてしまった。これが復活するのは昭和二十一年の第十七回メーデーからである。九州から北海道まで全国各地で行われ、参加者も戦前とは比較にならないほど増えた。

註

（1）　一八八一年にインディアナ州テレホートで結成されたアメリカ合衆国・カナダ職能労働組合連盟（ＦＯＴＬＵ）を起源とする。

一八八六年十二月八日にユダヤ人サミュエル・ゴンパーズを会長として、同組合を改組して成立。構成員は熟練労働者が中心であり、革命を目指さない穏健的な労働組合であった。第一次世界大戦勃発時には約二〇〇万人の組合員を有するまでに成長した。

一九三五年、世界恐慌下で労働者の諸権利を保障する「ワグナー法」（Wagner Act全国労働関係法）が制定された。これを機にＡＦＬ改組の動きが起こったが、同年十月に熟練労働者と不熟練労働者の間での対立などから、ジョン・ルイス、デイヴィッド・ドゥビンスキーらを中心とした産業別組織委員会、のち産業別組合会議（ＣＩＯ）がＡＦＬより分離した。第二次世界大戦終結時には、ＡＦＬ・ＣＩＯともに約六〇〇万人ほどの組合員を有した。

（２）一九〇五年六月、サミュエル・ゴンパーズ率いるアメリカ労働総同盟（ＡＦＬ）の保守的な傾向に反対するビル・ヘイウッド、ダニエル・デ・レオン、ユージン・Ｖ・デブスら二〇〇人の労働運動家や、ＡＦＬから排除されていたサンジカリストや無政府主義者、社会主義者によって結成された。一九二三年には一〇万人の組合員を擁し、三〇万人の労働者を傘下にもった。一九二四年に内部対立と政府の圧力から分裂。現在も二〇〇〇人のメンバーを擁する小規模組合として存続している。すべての労働者は一つの組合の下に団結することと、賃労働の廃止を主張している。

【参考文献】

『社会・労働運動大年表』　法政大学大原社会問題研究所編、平成七年（一九九五）、労働旬報社刊。法政大学大原社会問題研究所は、法政大学附置研究所。社会・労働関係研究所兼専門図書館として、社会科学分野で古い歴史を持つ。大正八年（一九一九）、倉敷紡績社長・大原孫三郎が大阪に設立。当初は大原社会問題研究所として独立していたが、その後経営上の問題から、昭和二十四年（一九四九）法政大学に移管、現在にいたる。

「新兵諸君に与ふ」　雑誌『光』第一巻二八号、明治三十九年（一九〇六）掲載。平成二十七年（二〇一五）、ぱる出版『大杉栄全集』第一巻所収。

『明治・大正期自立的労働運動の足跡』　水沼辰夫著、昭和五十四年（一九七九）、ＪＣＡ出版刊。国立国会図書館ほか蔵。

『東京日日新聞』　明治五年（一八七二）東京で創刊された日刊紙、同四十四年（一九一一）『大阪毎日新聞』に買収され、昭和十八年（一九四三）『毎日新聞』へ統一、現在に至る。

『朝日新聞』　明治十二年（一八七九）大阪で創刊され、同二十一年東京の『めさまし新聞』を買収の上改題し『東京朝日新聞』を創刊。翌年には大阪本社発行の『朝日新聞』を『大阪朝日新聞』に改題。昭和十五年（一九四〇）『大阪朝日新聞』と『東京朝日新聞』の名称を『朝日新聞』に統一。同二十年八月二十三日の社説で、「自らを罪するの弁」で、自らの戦争責任を告白。

『読売新聞』　明治七年（一八七四）東京で創刊。昭和十七年（一九四二）八月、『報知新聞』と合併、題号を『読売報知』とする。同二十年十月二十三日、第一次読売争議始まる（十二月十一日終結）。同十月二十五日社説「新聞への断罪」、同二十七日社説「我らの主張」で、戦争責任についての主張をした。同十二月十二日社説「読売争議の解決」は次のように書く（実質的に労働側の勝利宣言）。

（前略）人民を抑圧し、欺瞞するところの記事を掲げて人民の声を窒息させてきた。今や読売新聞は資本のこのくびきから解放されたのである。われらは公明正大、真の人民の声を遺憾なく紙面に取り上げうるといふ新聞紙上画期的な成果を獲得したのだ。今日以降読売新聞は真に民衆の友となり、永久に人民の機関紙たることを個々に宣言する。（後略）

同二十一年五月、題号を『読売報知』から『読売新聞』へ戻す。同六月十一日、第二次読売争議がおこるが労働者側の大敗北に終わる（十月十六日）。

『メーデーの歴史―労働者のたたかいの足跡―』　杉浦正男・西村直樹共著、平成二十二年（二〇一〇）、学習の友社刊。

『貧乏物語』　河上肇著。当初『大阪朝日新聞』連載（一九一六年九〜十二月）、大正六年（一九一七）、弘文堂書房刊。昭和二一十二年（一九四七）、岩波文庫。

『読売争議―1945・46年―』　戦後労働運動史論第2巻、山本潔著、昭和五十三年（一九七八）、御茶の水書房刊。

『回想の読売争議―あるジャーナリストの人生―』　宮本太郎著、平成六年（一九九四）、新日本出版社刊。

『寒村自伝』　荒畑寒村著、昭和三十六年（一九六一）、論争社刊。

アメ横誕生略史

戦前の上野地区

御徒町から上野駅へかけてのガード沿いの商店街がアメ横である。日本各地の商店街が軒並み元気をなくしているなかにあって、嘘のような賑やかさが今も続いている。背景に繁華の地・上野を抱えていることもあるが、なによりの魅力は物価が安いことである。

スーパーよりも安くコンビニよりも便利なことに加え、闇市的な雰囲気が今もなおここには残る。果物屋の店先で、切ったメロンやパインを串に刺して売るなどという商売があるのも、この街の魅力である。遠い江戸の昔、井戸で冷やしたスイカを切り売りしていた商売があったが、そんな風習を今に伝えているようだ。

そう思いたい気持ちになるが、江戸の切絵図《きりえず》にアメ横通りはない。この地は、今も通りの脇に鎮座する摩利支天《まりしてん》徳大寺や五条天神(現在は上野山中へ移転。跡地を示す石碑が上野側入口脇に建つ)の門前町として、あるいは御徒《おかち》衆など庶民が暮らす町であった。

そんな町の様子が一変するのは、大正十四年(一九二五)のことである。それまで上野止まりであった東北線が、住宅地の真ん中を断ち切って神田まで延長されたからである。この延長によって、先に開通していた中央線の神田〜東京間と繋がり、今見るような山手線の環状運転が始まった。このとき線路沿いに新しく通された道がアメ横である。

但し、まだアメ横の呼称ではなく、新宿西口同様「小便《しょんべん》横町」と呼ばれていたようである。

太平洋戦争末期、東京都は焼夷弾による延焼や類焼を防ぐため、都内各地とりわけ住宅が密集する下町地区の住民を立ち退かせ、家屋を取り壊した。これが強制疎開である。アメ横一体が取り壊されたのは、近くにあった国鉄の変電所(現アメ横プラザ)を守るためであった。徳川幕府が、火災から江戸の町を守るためと称して、火除地《ひよけち》を設けたのと全く同じ発想である。

大層な割に効果の少ない火除地は、ほとぼりが冷めるとすぐに見世物小屋や茶店が建ち並んだ。それと同じように、強制疎開地も戦争が終わると、たちまち闇市に変わった。

闇市から東京露天商組合

昭和二十年(一九四五)八月十五日の敗戦によって、日本中に開放感と混乱が一挙に押し寄せるようになった。「女ならでは夜の明けぬ」と言ったのは永井荷風だが、いざとなれば女性は強い。敗戦のショックから立ち上がれぬ男どもを尻目に、戦勝国アメリカ兵と腕を組んで歩くパンパンガールが闊歩した。一方、当時、浮浪児と呼ばれた戦災孤児たちも、生きんがために闇市のあいだを必死で駆け巡っていた。

闇市と云えば、GHQ(連合国軍総司令部/初代最高司令官・マッカーサー)が、朝鮮人・台湾省民等を解放国民に処遇したため、彼らは連合国民待遇を宣言し、日本の法律に従うことなく禁制品も闇市で堂々と販売した。そのため闇市は彼らに支配されることとなり、当時の金で四千億円と云われる戦争利得金、負け太り資産を形成したといわれる。

しかし、翌昭和二十一年になると、さすがに政府も、露店規制を強めるように方針を変更。「臨時露店営業取締規則」によって露店商を許可制とした。さらに三月から「新円切替」が実行されることとなった。三月以降は、それまでのお札(旧円)を使用禁止とし、新しく発行されたお札(新円。一人当たりの所有額が制限された)だけが通用するようになるというものである。
ところが実際には新円発行が間に合わなかったので、旧円に証紙を貼った紙幣を新円として通用させることとした。そのため旧円に貼る証紙が横流しされ、新円発行以前から、証紙売りが跋扈するようになった。

新円証紙闇売り捕はる

初の新円証紙犯人が捕った。一日夜八時半上野駅改札口附近で十円証紙を一枚二十円で売り付けてゐた住所不定〇〇〇が上野署に捕はれた。

（昭和二十一年三月三日「朝日新聞」）

一〇円の証紙を倍の二〇円で買っても、貼ってないお札はタダの紙キレになってしまうのだから、嘘みたいだが需要はいくらでもあった。それにしても新円切替が始まったのは三月三日からだが、それ以前に売人《ばいにん》がいたのには感心する。第一、彼らはどうして証紙を手に入れたのだろうか。
直接関連はないだろうが、三月十三日付の新聞に次のような記事がある。

都、闇商《やみしょう》に毛布を貢ぐ　めくら判で消えた三万枚

戦災者越冬用に配給すべき三十万枚の毛布を　半箇年がかりでも満足な配給の出来ぬ都庁が、監督下の都繊維製品統制会社倉庫の応急用毛布三万枚を机上の談合と書類の取引で二日のうちに闇に流し、その一部は出庫数日後、青空市場へ現はれたといふ奇怪な事実が発生　警視庁では十二日係官を動員して厳重な取り調べを開始し、事件究明に乗り出した云々。

（同三月十三日「朝日新聞」）

いかなる事態にあっても役人は、談合や癒着、横流しが得意な生き物のようである。この事件も、毛布の受領印は本物であったというからおそれいる。

いずれにしても新円発行に対する庶民最大の願いと関心は「ものが出るか、値段が下がるか」であったが、共になかなかなかったようである。

政府が国民に要望した〝五百円生活〟は一体出来る相談なのだらうか。

（中略）ひとときよりは少し安くなったものの、例外なく禁止されたはずの一山売りである。りんごも一―二個で十円。一、二個でも一山と書いてある。貧弱な乾し鰯が十五、六匹十円。値段は変らないが変わったのは小刻みになった〝買ひつ振り〟だけである。

（同三月十八日「朝日新聞」）

五〇〇円生活とは、政府が一世帯当たり一か月の生活費を五〇〇円に定めたことである。当時、子供の数は二人以上が普通であったにもかかわらず、標準世帯を夫婦と子供一人の三人家族とし、合計で平均五〇〇円と算出したのである。即ち、所帯主三〇〇円、家族一人につき一〇〇円と計算されたから、五〇〇円なのである。これに基づき給料の支払いも一人（扶養家族分を含む）につき五〇〇円までと制限された。

その一方では三業（料理屋・待合・芸者屋）地の繁盛は、警視庁をしてしばしば自粛営業を求めるほど繁盛していた。

一時はぴったりと鳴りをひそめた三業地方面も再び弦歌さんざめく景気を取り戻してゐる。いはゆる〝緊急対策〟の効果は一体どこへ行ったのだらうか。

（同三月十八日「朝日新聞」）

庶民の困窮は留まるところを知らない時代であっても、湯水のように金を使う輩がいたのである。こんな時には何が起こってもおかしくはない。庶民の不満が爆発寸前の事態になりかけたとき、警視庁も漸く重い腰を上げた。

禁制品の闇市場に　武装警官の奇襲

上野の乱闘　ピストルが飛ぶ

再三にわたる繊維製品その他の禁制品取締にもかかはらず、最近関西方面からぞくぞく露店商が上京、地盤を上野において大々的に禁制品を売ってゐるので、警視庁は強硬手段も辞せずと三十日　制服警官五百名をくり出して上野広小路の露店街を抜き打ちに囲ひ、つひには首相官邸（二・二六事件）以来の発砲騒ぎまでおこった。

（同五月二十一日「朝日新聞」）

この取締りに対し、新聞紙上には、東京露店商組合上野地区長・飯島五代目の理解ある談話が掲載された。またこれより少し前の四月二十七日・二十八の両日、尾津（新宿）・芝山（浅草）・関口（池袋）・上田（銀座）の四親分が、在京華僑聯合会を訪問、闇市に出没する中国人の自粛を要請した。具体的には、華僑聯合から（露店商に）証明書を発行し、出店地を選定し、禁制品販売禁止を申し合わせた。続く二十九日には朝鮮人連盟を訪れ同様の要請をした。

なお、当時の禁制品とは生活必需物資のことであるが、そのいくつかをあげると次のようなものがある。マッチ・煙草・繊維・ゴム製品等。またその頃は、朝四時半に一番電車が動きだすと、上野と新宿に闇商人相手の市《いち》が立った。

アメ横の語源となったアメ（飴＝主に芋飴《いもあめ》）をはじめ、饅頭《まんじゅう》や羊羹《ようかん》などの甘いものが特に人気があったようである。

人気の飴の卸値相場を見てみると、一〇個一〇円で売る飴が、一二個一〇円。一袋一〇円の飴なら、八円五〇銭である。まあ、納得できる値段である。

ところが、これが禁制品となるとべらぼうな値が付いた。主に夜行列車で関西から運ばれてきたようだが、公定価格四七円のゴム長が二七〇円。二五円の自転車チューブ一本が三五〇円。子供セーター二〇〇円、マッチ三円、煙草一〇本一〇円から一五円という具合に、五倍から一〇倍以上、中には三〇倍以上というものまであった。

そうはいっても、こんな商売が長く続くはずもない。七月二十日、警視庁は都下二〇一か所の露店商幹部を呼びつけ、新橋・渋谷の露店街閉鎖。残る一九九か所の露店街については、自粛三項目を通達した上で、営業継続を認めた。

自粛三項目とは、

一　不許可商の出店

二　地域外の出店

三　禁制品の販売

をそれぞれ自粛することである。

いったんはこれで収まったが、その後二か月もたたない八月九日になると、上野の闇市にも閉鎖命令が下った。多くの露店で自粛効果が現れたものの、禁制品の取扱が一番多かった（全体の約一割）上野が狙われたのである。

閉鎖される地域は上野駅前から上野松坂屋前を通って下谷黒門町に至る間と、下谷稲荷町一帯で、八・一粛正前には毎日平均二千軒の店が出て、うち八百軒もが禁制品を扱ひ、粛正取締ののちは毎日約千軒出て、うち百軒ぐらゐが違反してゐた当局では、一部の不心得な商人の巻添へを食って善良な露店商まで閉鎖されるのは不本意なので、上野にも健全な青空市場が再建されることを望んでをり、具体案を検討してゐる。

（同八月十日「朝日新聞」）

閉鎖はしたものの、多くは善良な商人であったので、再建に含みをもたせたところが、新橋・渋谷と異なる。閉鎖翌日の十日にはもう再建案を抱えて組合が動きだした。

内田上野支部長以下組合理事から、明朗市場への復活と最悪の事態に入った報告を受け、誰の顔も沈んでゐた。組合の腹では、マーケット式にして一個の店舗で更生するため再申請すると。

（同八月十一日「朝日新聞」）

その頃、警視庁でも、健全な露店育成のため、新たに「露店取締規則」をもうけて、取締強化を考え始めていた。一方、露店商の方でも漸く組合民主化の声があがりはじめていた。

都内には、いわゆる何々組と称するものが約三〇〇あり、その親分が支部長以下の要職を独占していた。この取締りを強化することにより、親分子分の関係を解消させ、そのあとへ一般組合員を当てるようにすればお互いが対等の立場に立たせることができる、と。

また露店商も、マーケット・常設・移動露店の三つに分けることとした。それぞれの特徴は次の通りである。

マーケット　本建築式のマーケットは、一般の個人商店同様に取扱育成するが、原則として今後は、露店としてのマーケットは許さない。ただし、経過措置として現在ある簡易マーケットは、その歴史的使命を尊重して、露店として一応認める。

常設露店　道路の両側に並ぶ露店は全て常設露店とする。今後は一指定地内常設露店は、その所轄署に登録したものだけに限り、都民の信用第一に務める。

移動露店　縁日とか祭礼などに出る本来のテキ屋とみられるもので、特殊の品物を売り、常設露店にもぐり込むことは許さない。

右のうち、常設露店が零細商人の経営する露店である。ところが新規参入は不可となったため、実質的にはマーケットと移動露店に集約されたようである。

だが、東京だけで八万余といはれた露店人員を全部この二つに入れることは不可能だ。マーケットは権利金が高く新橋、新宿、浅草などの例を見ても、借り主は露店商三分、一般商人七分といふのが現状で（中略）収容される露店商は僅々二三割程度。残り全部を縁日屋にするといふことは、縁日らしい縁日の立たない今日では出来ない相談だ。

（同年十月十九日「朝日新聞」）

移動露店はテキ屋の範疇であるから、縁日が立ったとしても一般露店商が参入することは不可能である。商売を続けたかったら、権利金が高くともマーケットに入るしかない。

芋《いも》アメや饅頭、海産物等の食料品を扱う店が集中していたアメヤ横町の露天商たちも、近藤組の経営するマーケット（近藤マーケット）へ入ることとなった。ここへはのちにアメリカ進駐軍の放出物資を扱う店も参入したため、アメヤ（飴屋）のアメ横からアメリカのアメ横へと変化しながら、ますます殷賑を極めるようになった。

そんな最中《さなか》の昭和二十四年十二月、火災のためマーケットは全焼、大打撃を被った。しかし、一夜で応急店舗を整え、営業を再開した。

上野振興株式会社

その後は朝鮮動乱のもたらす好景気等にも支えられ、着実に業績を拡大していった。昭和二十六年四月には、将来を見越して土地を確保し、次の飛躍・繁栄を願って上野振興株式会社が設立された。

その後日本の復興と共に街並みも次第に整備されたが一方建物の老朽化が進み、特に周囲との不協和音が目立つようになった。加えて防災上の危険をしばしば関係官庁より指摘された。会社側としても、美観並びに空間の有効利用をするため幾度となく研究を試みたが、仮営業所の確保並びに権利調整等未解決の問題が多く建設計画が浮かんでは消えることが再々のことであった。

昭和四十年代に入ると、各地に再開発の気運が盛り上がるようになってきた。アメ横にあっては、幸運にも前面ガード下国鉄変電所後（現アメ横プラザ）の利用が可能となり、近隣商店街のご協力によりアメ横地域再開発共同組合が結成された。同時に、東京芸術大学美術学部のご指導、台東区の格別なご配慮と全面的なご援助により開発許可を受け、上野振興株式会社・上野ストアー協同組合と二者共同ビルを建設する運びになった。一部には、庶民的で迷路のような旧建物を惜しむ声もあったが時勢には抗し得ず、五十六年五月、仮営業所に移転し建築へと踏み切った。

着工より一年五ヶ月、今ここに内外に誇り得る新ビルは完成した。竣工式を挙げるにあたり、夫々、深い感慨を覚えると共に、末永い繁栄を願って一層の努力を誓うものである。因に当ビルは、ほぼアメ横中心部にあり敷地面積1，308平方メートル鉄筋コンクリート造り地下二階地上五階延床面積7，067平方メートルである。最後にビル建築を夢に描きながら、この威容を見ることなく不幸にして亡くなられた方々とも喜びをわかち会い、深い感謝の念を捧げるとともに、権利調整に応じ、不本意ながら当ビルより去られた方、並びにこの事業に携われた関係者に謝意を表して、ここに記念として銘記する。

昭和五十八年一月十六日

上野振興株式会社　（アメ横センタービルホームページより）

紆余曲折はあったが、アメ横センタービルの完成によって、闇市時代のアメ横は一応終わったようである。しかし、なんでも揃う庶民の市場、（昭和五十九年に東京オリンピックが開催された際、金メダル用の金はここで調達されたと云う）闇市の雰囲気が残る?街として人の心を吸い寄せる力は今もまだ失ってはいない。平日でも人が溢れ、休日ともなると歩くのが困難になる状態は当分続きそうである。

【参考文献】

『江戸切絵図』　前出

『江戸名所図会』　前出

『朝日新聞』　前出
『アメ横三十五年の激史』　塩満一著、昭和五十七年（一九八二）、東京稿房出版刊。国立国会図書館ほか蔵。

『アメ横の戦後史　カーバイトの灯る闇市から60年』　長田昭著、平成十八年（二〇〇六）、ベストセラーズ刊。

『昭和を切り拓いた男　上野闇市から世界企業へ』　綱島信吉著、平成十九年（二〇〇七）、朱鳥社刊。

「アメ横センタービル」ameyoko-center.tokyo（アメ横センタービル公式サイト）。
＊一七五頁に引用した文章は、同社が二〇二〇年に上野振興会合同会社に合併された際に削除されたか、現在は見られない。
「上野アメ横」ameyoko.net（アメ横商店街公式サイト）。

あとがき

世の中に定説の類いは多いが、ときには首をかしげたくなるようなものがある。魑魅魍魎にたぶらかされたんじゃあなかろうかと思わせるような珍説を見ることさえある。私の場合は地味妄説（妄想）かもしれないが案外当たっているんじゃあとも思っている。そんな地味妄説を書きためていたら大分増えた。魍魎と妄説を対決させたらどうなるか見世物としても面白いだろう。

遊び心と好奇心。人間この二つがあれば退屈せずに済む。楽しいとはいえないまでも面白くはなる。コロナが流行っていた頃は、引き籠もりやリモートが推奨されていたが、下火？となるにつれ、名前を変えた強盗トラブル（ゴウトトラベル）が復活したり、飲食店に補助したりと、今度は外へ引っ張り出すことを始めた。

たいていの人はほっといても外へ出たがるし、旅行へも行きたがる。旅行とは名ばかり、散歩に近いものでも、外へ出れば空気が違う。何か見つかる。流行廃《すた》りを感じることさえ出来る。何より解放感を味わえる。

半世紀以前に「本を捨てよ町だか世界だかへ出よう」というような本が出たことがある。今でもエンディング曲に「テレビなんか見ていないで」という一節を入れた曲を毎回流す「ブラなんとか」いうテレビ放送もある。本とテレビの違いはあっても、見られることを前提にしながら、見るなというのだから理屈に合わない。

昔から、理屈と膏薬はどこにでもつくというが、今は、美味いものほど体に悪いともいう。だから人間面白い。かくして魍魎と妄説の対決は佳境に入る。そんな妄説を、『日本大道芸事典』（二〇二〇年）に続いて本にしてくださった岩田書院社長・岩田博様には、心より感謝申し上げます。

（光田憲雄）

（著作著書）

2000年１月　「覗きからくり小史」（『風俗史学』改題10号）

　　　７月　「ガマの油は何時から筑波山になったか」（『風俗史学』 12号）

2002年２月　「香具師の区分」（『風俗史学』第18号）

　　　７月　「ヴァイオリン演歌」（『大正の東京100話』）

　　　12月　「地獄巡り　八百屋お七　薬草売り」

　　　　　　（『江戸東京芸能地図大鑑』 CD-ROMbook）

2004年１月　『江戸の助け合い』共著

2005年３月　「東洋文庫所蔵『見世物年代記』と見世物今昔」（『東洋文庫書報』第36号）

2009年８月　『江戸の大道芸人』著述

2012年３月　「牛頭天王の類を取り除くべし：明治維新と廃仏毀釈」

　　　　　　（『民俗と風俗』第22号）

　　　７月　「二八そば」（『風俗史学』第47号）

2013年９月　「酉の市　熊手のルーツはお芋ちゃん」（『風俗史学』第54号）

　　　11月　「年末の風物詩―「酉の市」―」（『えど友』第76号）

2014年３月　「昭和の大道芸」（『昭和のくらし研究』 No.12）

　　　９月　「ヴァイオリン演歌小史」（『風俗史学』第59号）

2015年９月　「アメ横誕生略史」（『風俗史学』第61号）

2016年５月　「神田明神と平将門伝説」（『えど友』第91号）

2017年３月　「神田明神と将門伝説・首塚伝説のはじめ」（『風俗史学』第64号）

2018年１月　「大名屋敷の松飾り」（『えど友』第101号）

2019年１月　「江戸の正月風景」（『えど友』第107号）

　　　５月　「江戸の夏行事　今に継承されるもの」（『えど友』第109号）

2020年３月　「メーデーことはじめ―日本のメーデーは上野から始まった―」

　　　　　　（『風俗史学』第70号）

　　　６月　『日本大道芸事典』著述（岩田書院刊。同年11月　2刷）

　　　　同　「大道芸（居合抜き、軽業）」

　　　　　　（『郷土史大系　第6巻　宗教・教育・芸能・地域文化』）

　　　９月　「心躍る大道芸商売の啖呵」（『日本経済新聞』 9月8日）

　　　　同　「佃島の盆踊り」（『風俗史学』第71号）

2021年１月　「宮廷の正月行事」（『えど友』第118号）

　　　11月　「江戸の三閻魔」（『えど友』第123号）

著者プロフィール

光田 憲雄（みつだ のりを）

日本大道芸伝承家　東京都ヘブンアーティスト　日本風俗史学会会員
現住所：157-0061東京都世田谷区北烏山

1946年１月　山口県に生まれる。
1970年頃～　大道芸の世界にのめり込む。
1995年３月　記録（『大道芸通信』の発行）・伝承（伝承者養成のための講習会・講演会開催等）・復活再生（イベント等へ出演）を目的に、「日本大道芸・大道芸の会」立ち上げ（現在に至る）。
2002年８月　東京都主催（第1回）ヘブンアーティストコンテスト合格。

（主要出演）
1993年　大相撲サンノゼ場所（米国）に随行。市内各地で日本の大道芸を披露。
1994年　「東京世界都市博覧会」（1995年中止決定）紹介行事のひとつとして豪州シドニー・オペラハウス等で日本の大道芸を披露。
1995年５月　世田谷区次太夫堀民家園主催こどもの日イベント（現在に至る）。
　　　秋　文京区下町祭り（2016年迄）、埼玉障害者祭り（2019年迄）。
1998年２月　世田谷区烏山区民センター主催（第1回）「新年子どもまつり」（現在に至る）。
2005年10月　平成17年度（第60回）文化庁芸術祭参加公演「江戸東京の賑わい」主催。
2012年４月　昭和館主催お花見イベント（2017年迄）。
2013年９月　江東区深川江戸資料館主催（第1回）「江戸の物売りと大道芸」（以来、同館主催春秋イベントとして定着、現在に至る）。
2015年11月　東京都歴史文化財団主催「神楽坂まち舞台・大江戸めぐり」（2016年迄）。
2016年２月　江東区深川江戸資料館主催「同館解説ボランティア研修」講師。
　　　９月　文化放送の大竹まこと：ザ・ゴールデンヒストリー「大道芸に学ぶ」。
　　　11月　江東区深川江戸資料館30周年・日本大道芸·大道芸の会創立20周年記念江戸資料館まつり「にほんの大道芸」（第7回公演兼務）。
2018年３月　NHKラジオ深夜便「明日へのことば」庶民が支えた“大道芸”。
　　　５月　江東区深川江戸資料館と共催「にほんの大道芸と物売り」公演。
　　　８月　深川お化け縁日「地獄極楽」公演（於江東区深川江戸資料館）。
2020年３月　8月までのイベント、全てコロナウィルス流行のため中止。
　　　９月　江東区深川江戸資料館主催（第15回）「江戸の物売りと大道芸」中止。
　　　10月　日本のあらゆる芸能の原点にある「大道芸」を網羅した光田著『日本大道芸事典』（岩田書院）刊行を機に対談（『週刊読書人』 10月30日）。
2021年３月　江東区深川江戸資料館主催（第16回）「江戸の物売りと大道芸」出演。
　　　５月　東京都歴史文化財団主催「神楽坂まち舞台大江戸めぐり2021」出演。
　　　９月　江東区深川江戸資料館主催（第17回）「江戸の物売りと大道芸」出演。
2022年５月　TOKYO MXテレビ「ぶらり東京江戸散歩」出演。
　　　10月　神奈川大学エクステンション講座「日本の大道芸と物売り芸」講師。

江戸から明治へ　―日本風俗史点描―

2023年（令和５年）１月　第１刷　500部　発行　　**定価［本体2800円＋税］**

著　者　光田　憲雄

発行所　有限会社岩田書院　代表：岩田　博　　http://www.iwata-shoin.co.jp

〒157-0062 東京都世田谷区南烏山4-25-6-103　電話03-3326-3757 FAX03-3326-6788

組版・印刷・製本：新日本印刷

ISBN978-4-86602-147-8 C3039 ¥2800E